ヘンリーおじさんの
英語でレッスンができる本

Bilingual Kids! Made in Classrooms!

ネイティブが教える、子ども英語教室フレーズ集

ヘンリー・ドレナン
Henry V. Drennan

アルク

はじめに

「ヘンリーおじさん、英語を教えるって、むずかしいですよね」と言われることがあります。私は、その問いに対してこう答えます。「むずかしいのは教えることであって、英語そのものではありません」

今年（2004年）の3月に発売した『ヘンリーおじさんの英語で子育てができる本』（アルク刊）の中でも書きましたが、英語はむずかしく考えてはいけないのです。頭の中が固まってしまって、母国語の日本語でさえ忘れてこまる大人とちがい（漢字を忘れるなど典型的な例ですね）、子どもたちは、新しいことをのびのびと吸収します。大人である親や先生が、上手に英語に接する機会をあたえてあげれば、彼らは楽しみながら、ものすごい勢いでおぼえてくれるのです。ただし、教える側にも、いくつか気をつけてもらいたいことがあります。

❶ 英語だ、と特別な意識をもたないこと

まず、英語のことを忘れて、日本語のことを考えてみてください。みなさんは日本語を立派に話しますが、でも、生まれたときから標準語で育ちましたか？ それとも、幼いときは親の使う日本語（地元の方言）にあわせ、後にテレビやそのほかの機会を通じて、標準語をおぼえたのでしょうか？ そうだとすると、みなさんは、地元のことばと日本語の標準語の両方をあやつれる、バイリンガルだといえますね！ そのようにおぼえた標準語と同じ感覚で、英語をやればどうでしょうか？ 最初は文法など、まったく気にせず、あせらず、根気よく、確実に、そして楽しくおぼえていけばいいのです。

❷ 教えるほうも楽しむこと

子どもとあそぶコツは？　かんたんですね。いっしょにあそんで、いっしょに楽しむことです。英語を教えるときも、まったく同じです。教える側が楽しくなくて、どうして楽しいクラスができますか？　子どもは遊びの天才です。遊びの中で、失敗もして、学んでいくのです。教えられる子どもたちには、損得勘定がまったくないのです。つまり、英語をやったら得をする、といった打算がゼロなのです。そうですよね。今から「この調子で英語をマスターしていけば、私も何年後には長者番付にのれるわ！」なんて考える子どもはいません（いたら気もちが悪いですよね）。

❸ 愛情をもって接すること

どうせ教えるのなら、楽しく、愛情あふれる表現で、英語を教えてください。命令形の Sit down. Stand up. Come here. と、まるで犬に号令をかけているような英語はやめてください。私もふくめて、人間は命令されるのがきらいなのです。そして、勉強を無理にやらされると、そのときはおぼえても、すぐに忘れてしまうのです（受験英語をおぼえていますか？）。愛情をこめて教えるには、いくつかのコツがあります。この本を読んでいくうちに自然と身につくと思います。

❹ ニュアンスを大事にすること

せっかく愛情あふれるクラスをやっていても、英語と日本語のニュアンスがちがっていては、心が通いあう会話は生まれません。本書では、いくつかの表現について、英語と日本語のニュアンスを徹底的に比較しながら、リストアップを試みました。たとえば、あいづちの数々です。Really? と

かYes. だけでは、たいくつな会話になってしまいますからね。あいづちをたくさんマスターして、会話上手に変身してみてください。

以上の1～4を参考にしていただくほか、先生たちにぜひお願いしたいのは、「質のよい英語のサウンド」を、子どもたちにたくさん聞かせてほしいということです。先生からの語りかけばかりでなく、ビデオ、DVD、それにCDやテープを使うのも、効果的だと思います。子どもたちは、聞いた音をまねることで、目を見はるくらい英語の音を吸収します。手前みそですが、CD『ヘンリーおじさんのやさしい英語のうた』シリーズは、特におすすめです。聞いているだけで、英語の単語やフレーズのイントネーションを、正しくおぼえられるように計算して作ったものです。だまされたつもりで、ぜひお試しください！（詳しくは、本書 p.229をご覧ください）

この本は、大きく2つのセクション（部）にわかれています。第1部では、基本的な英語表現のほか、「ネイティブだったらこう言う」というスマートな表現も紹介します。同じことを言うにも、いろいろな言い方で子どもたちに話しかけられるよう、参考にしていただければと思います。第2部では、私の信頼する、ベテラン児童英語教師 CHICA 先生に、構成・指導をお願いしました。子どもの年齢にあわせたクラスの進め方を紹介していますので、実際のレッスンで、ぜひ活用してみてください。

また、本書をつくるにあたって、「英語のレッスンや授業で、こんなことを言ってみたい」ということ（日本語案）を、WEB上、および、アルク

の編集部独自のアンケートにより、児童英語の先生、英語サークル活動のママ、小学校の先生方などから、広くあつめました。何千とあつまった日本語案の中から、どれを選ぼうかと編集部のスタッフと相談し、厳選の上、子どもたちの心に届く英語表現を考えたつもりです。ですから、実際にレッスンをしている方、これからレッスンに取りくもうとしている方にとって、臨場感があって、役立つものばかりと信じています。

冒頭でも書いた、むずかしいのは「人に教える」ということであって、英語そのものではないということを、この本ですこしでもご理解いただければ幸いです。

2004年11月
ヘンリーおじさん

この本の構成・使い方

第1部：ヘンリーおじさんのレッスンが楽しくなるフレーズ集

日々のレッスンや、子どもに英語を教えるときに役立つ、基本的な英語表現とともに、「ネイティブだったらこう言う」というスマートな表現もあわせて紹介します。「英語でどう言えばいいんだろう？」と疑問に思った表現を調べたり、基本表現とスマート表現を比較し、表現のバリエーションをふやすこともできます。

●インデックス
「ほめる」「レッスン開始」「教室イベント」など、カテゴリーごとに英語表現をまとめました。調べたい英語表現を、すぐにさがすことができます。

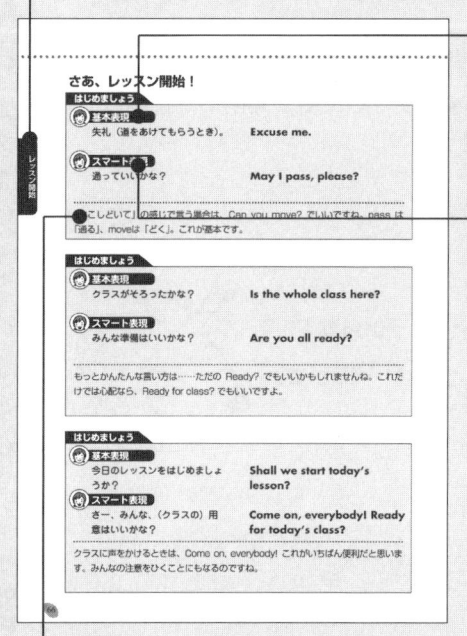

●基本表現
英語を教える日本人の先生や、ママ・パパの頭の中にスンナリ入ってくる、スタンダードな英語表現です。しっかり理解して、「スマート表現」との比較にもお役立てください。

さあ、レッスン開始！

はじめましょう
- 基本表現：失礼（道をあけてもらうとき）。 Excuse me.
- スマート表現：通っていいかな？ May I pass, please?

「こしどいて」の感じで言う場合は、Can you move? でいいですね。また、pass が「通る」、move は「どく」。これが基本です。

はじめましょう
- 基本表現：クラスがそろったかな？ Is the whole class here?
- スマート表現：みんな準備はいいかな？ Are you all ready?

もっとかんたんな言い方は……ただの Ready? でもいいかもしれませんね、これだけでは心配なら、Ready for class? でもいいですよ。

はじめましょう
- 基本表現：今日のレッスンをはじめましょうか？ Shall we start today's lesson?
- スマート表現：さー、みんな、（クラスの）用意はいいかな？ Come on, everybody! Ready for today's class?

クラスに声をかけるときは、Come on, everybody! これがいちばん便利だと思います。みんなの注意をひくことにもなるのですね。

●スマート表現
基本表現と同じ内容を、「ネイティブだったら、このようにも言う」という、スマートな言い方で紹介します。シンプルで、相手の心にダイレクトに届く表現、日本人にはなかなか思いうかばない、ネイティブ発想のこなれた表現をあつめています。表現のバリエーションをふやしましょう。

子どもたちには、できるだけかんたんでシンプルな言葉で自分を表現してほしい、という意図で、「2. 子どもだって、英語で言いたい！」（P.45）では、スマート表現のみを紹介しています。

●ヘンリーおじさんのコメント
「基本表現」「スマート表現」の2通りの表現について、ネイティブの視点から、ヘンリーおじさんがコメントします。ユーモアと優しさにあふれたコメントに、英語を教える先生、ママ・パパもなるほど、ナットク！

*ヘンリーおじさんが紹介・解説する英語のセンテンスは、「生きた、使える英語」を紹介したいという意図のもと、文法的にはイレギュラーでも、口語的に使われているものも掲載している場合がありますので、ご了承ください。

第2部：さあ、レッスンをはじめましょう！

子どもの年齢別に、「幼児クラス」「小学校低学年クラス」「小学校高学年クラス」のレッスンを、はじめからおわりまで通して見てみましょう。英語でレッスンを進めるイメージが、つかめてくると思います。「どのクラスでも使える基本表現」では、子どもの年齢にかかわらず、使える英語表現を紹介します。ここでは、ヘンリーさんが信頼をおく、ベテラン児童英語教師のCHICA先生が、主要フレーズを紹介し、解説します。

●英語表現と和訳
レッスンの場面ごとに、使える英語表現を紹介します。クラスの状況や、先生の表情が、よくわかるイラスト付き。

●関連表現
同じ場面で、「こんなことも言えますよ」という応用表現や、バリエーションの提案をします。これらの表現を参考にして、レッスンの幅を広げてみましょう。

●解説
CHICA先生が、レッスンの進め方や心がけなどを、ていねいに説明します。実際のレッスンで起こりうる、さまざまなことに対応するためのヒントがいっぱいです。

コラム
子どもに英語を教えている、さまざまなジャンルの人たちが、それぞれの視点から、子どものこと、英語教育のことを語ります。ALT（Assistant Language Teacher／外国語指導助手）や、プリスクールのネイティブの先生が使う英語表現も紹介します。

さくいん
「日本語さくいん」と「英語さくいん」の2種類があります。日本語から英語をひきたいとき、英語から和訳をひきたいときに、ご利用ください。

Contents／目次

はじめに……2
この本の構成・使い方……6

第1部 ヘンリーおじさんのレッスンが楽しくなるフレーズ集 11

英語レッスン&サークル編

1 教室でも、愛情をこめて子どもたちに語りかけよう
- 子どもを思いきり **ほめる** ……12
- 大丈夫だよ！ **はげます** ……21
- お手伝いして！ **協力者をつのる** ……27
- 子どもの発言に **答える** ……29
- 子どもに、**確認・質問する** ……32
- きちんとルールをまもれる子に。**注意する・しかる** ……38

2 子どもだって、英語で言いたい！
- いつもとちがう、**あいさつ** をしたい！……45
- 聞きたいこといっぱい！ **お願い・質問** ……46
- 子どもだって、**主張** したい！……49
- トイレに行きたい！ **体のこと** ……56

3 スマートな英語表現で、レッスンをしてみよう！
- **教室で、子どもたちを むかえいれる**
  あいさつ…57／入室時…58
- **さあ、レッスン開始！**
  はじめましょう…66／出席をとる…68／リーダーを決める…72
- **子どもを英語の世界にひきこむ 導入**
  天気・気温…73／日付…77／宿題確認…79

- ■ 子どもを夢中にさせる **レッスン中** のフレーズ
  CDを聞く…82／歌をうたう…83／ビデオを見る…86／あつまる…87／体操・おどり…91／休憩…94／本を読む…95／ゲーム…96／工作…103／発音・発話…106／発表する…109／自己紹介…110／テキスト…113／ワーク…115／文字の練習…117／プリント・テスト…118／宿題…121
- ■ また、きてね！**レッスンのおわり**
  かたづける…122／レッスンおわり…123／1年をしめくくる…127
- ■ ふだんとちがう、教室の **イベント**
  ハロウィーン…130／クリスマス…132／授業参観…135

4 「親子英語サークル」で使える英語表現
- ■ 先生からママ・パパにお願い！……139
- ■ ママ・パパから先生にお願い！……142
- ■ ママ・パパもいっしょだよ！先生から子どもへ……145

小学校で使える英語表現編

1 教室に、英語がやってきた！
- ■ 毎日の **学校生活** ……148
- ■ 小学校ならではの **学校行事** ……153

2 外国人ゲスト・ALTが学校にきたら…
- ■ こんにちは！**外国人ゲスト**との交流 ……156
- ■ 先生もちょっとドキドキ……**ALTとの打ちあわせ** ……158
- ■ 胸をはって紹介したい！**日本の文化** ……163

第2部 さあ、レッスンをはじめましょう！ 167

ヘンリーおじさんからのメッセージ……168

★ どのクラスでも使える基本表現
子どもたちがやってきた…169／レッスンのはじまり…170／ほめる・しかる…171／レッスンのおわり…172

★ 幼児クラスのレッスン
歌をうたおう…173／数をかぞえよう…174／アクティビティ～おはじき…175／ワーク～数と色…176／表現～いくつですか？…177／絵本の時間…178

★ 小学校低学年クラスのレッスン
天気について…179／単語～色…180／表現～これはなに色？…181／ゲーム～BINGO…182／アルファベット…183／ワーク～アルファベット…184

★ 小学校高学年クラスのレッスン
単語～教科…185／表現～好きな教科…186／アクティビティ～Show and Tell…187／アクティビティ～3ヒント・クイズ…188／ワーク～文字…189

CHICA先生からのメッセージ……190

コラム
- 公開！ プリスクールで使われている英語表現（アメリカンインターナショナルブレインズ・キディクラブ鶴見校）……136
- 英語サークルでは「大人数」「親子で参加」がポイント（森山香織氏）……147
- 日本とちがう？ アメリカの小学校……151
- 小学校での英語レッスン～ALTからのアドバイス（クリストファー・コソフスキー氏）……160
- 小学校からの英語～ほめることで自信をそだてる（佐藤広幸氏）……166

日本語さくいん……192
英語さくいん……210

第1部
ヘンリーおじさんの
レッスンが楽しくなるフレーズ集

子どもに英語を教えるときに役立つ、基本的な英語表現と、ネイティブ発想のスマートな表現をあわせて紹介します。「どう言えばいいんだろう？」と疑問に思った表現を調べたり、基本表現とスマート表現を比較したりして、表現のバリエーションをふやしましょう。

英語レッスン&サークル編

英語のレッスンやサークル活動で、大切なことはなんでしょう？ それは、愛情をこめて子どもたちに語りかけること。語学としての英語の勉強ももちろん大切ですが、すべての教育の基本は、「子どもたちの心をはぐくむこと」です。ここでは、「ことばとして通じる」だけでなく、「心が通いあう」ための英語表現を紹介します。もちろん、先生が使う表現だけではありませんよ。子どもたちに使ってほしい表現もあつめました。子どもたちが言いたいことを、「こんなふうに言うんだよ」とスマートに教えてあげてください。

① 教室でも、愛情をこめて子どもたちに語りかけよう
子どもを思いきりほめる

ほめる

基本表現
いい考えね！　　　　　　　　**Good idea!**

スマート表現
頭がいいわ！　　　　　　　　**Good thinking!**

I like your idea. とか、I like the way you think. など、「あなた」を強調すると、もっとよろこんでもらえると思いますよ。

ほめる

基本表現
完ぺきよ！　　　　　　　　　**Perfect!**

スマート表現
これ以上はないわ！　　　　　**Couldn't be better!**

Couldn't be better. は、実は、It couldn't be better than this.（これ以上は望めない）をみじかくして言っているのですね。英語らしい表現だと思いますよ。

英語レッスン&サークル編 ①

ほめる

基本表現
本当にいい生徒ね。　　　　　You are such a nice student.

スマート表現
本当に自慢しちゃうわ！　　　I'm so proud of you!

スマート表現は、すこしオーバーに聞こえるかもしれませんが、英語でほめるときはこのくらいでいいのですよ。ただし、まわりにいるほかの子どもたちをほめる心づかいも忘れないでくださいね。

ほめる

基本表現
すばらしいリーダーだったよ！　You were a great leader!

スマート表現
最高のリーダーだね！　　　　The best leader!

このあとに、How about a round of applause?（みんなで拍手しようか？）と、クラス全員で拍手をしてもらうようにし向けると、もっと効果があがると思いますよ。

ほめる

基本表現
今日はすばらしかったわ！　　You were so great today!

スマート表現
今日はスターでしたよ！　　　You were a star today!

逆に、「今日は調子がイマイチだったね」は、It wasn't your day.（あなたの日ではなかったわね）なんて表現をしますよ。

ほめる

基本表現
今のでシールをもらえるわね！　　For that you can get a sticker!

スマート表現
すごい！ シールをあげます。　　You were great! Here's a sticker.

ごほうびをよろこぶのが人間です。大人になっても、この習性は変わりません。私のワイフなぞ、プレゼントが三度の食事より好きですね。

ほめる

基本表現
早く済んだわね！　　You finished so quickly!

スマート表現
はやーい！　　That was quick!

早く済ませた子どもには、早かったね！ と気がついてあげることも大事ですね。レストランのウェイターと同じで、いつも気配りが必要なのです。

ほめる

基本表現
いい成績よ。　　You did very well.

スマート表現
いい得点だね！　　Nice score!

得点などに関係なく、「その調子！」と言う場合は、Nice going! とも言えます。「その調子で続けて！」これだと、Keep on trying! などもいいですね。

英語レッスン&サークル編 ①

ほめる

基本表現
ミホちゃんは努力家ですね。　　Miho is a hard worker.

スマート表現
ミホちゃんはがんばるね。　　You try very hard, Miho.

「努力する」は、try hard で表現します。ですから、努力がたりないことは、not try hard enough になります。「努力をしていると思う？」なら、Do you think you are trying hard enough?

ほめる

基本表現
いつもベストをつくしているね。　　You always try your best.

スマート表現
いつも一生懸命だね。　　I know you always work hard.

ベストをつくしている、なにごとも一生懸命、いずれもほめてあげたいですね。結果も大事ですが、努力をしていれば、必ずいい方向に進むからです。やろうとする姿勢が大事なのです。

ほめる

基本表現
トモコちゃんはお友だちにやさしいのよ。　　Tomoko is kind to her friends.

スマート表現
トモコちゃんは、いつもやさしいね。　　Tomoko is always kind.

kind ということばは、「やさしい」と「親切」の両方の意味があります。「やさしいことば」は kind words ですし、「お友だちに親切に」は、Be kind to your friends. となります。

ほめる

基本表現
マドカちゃんは笑顔がステキですね。
You have a great smile, Madoka.

スマート表現
あなたの大きなスマイル好きよ。
I like your big smile.

スマイルほど強力な武器はないと思います。人間は赤ちゃんのときから、これを使っています。自然が与えてくれた最大の武器なのですね。大人になっても使いましょう！

ほめる

基本表現
ハルコちゃんは発音がきれいですね。
Your pronunciation is very good, Haruko.

スマート表現
ハルコちゃんの発音はとてもいいわ。
You pronounce well, Haruko.

英語では、なるべく子どもの名前をセンテンスの中にとり入れるように、努力してください。そのほうがパーソナルな感じがするし、よろこばれます。とくに、ほめるときは大事ですよ。

ほめる

基本表現
サオリちゃんは想像力があるわ。
Saori has a good imagination.

スマート表現
サオリちゃんの考え、好きだわ！
I like Saori's ideas!

いいお話を考えつくことを、think of a good story と言います。make up a story や cook up a story だと、でたらめなお話をつくるという、ネガティブな意味あいが強くなってしまうので、気をつけてくださいね。

英語レッスン&サークル編 ❶

ほめる

基本表現
タケシ君は、単語をよくおぼえるわね。

You learn new words very well, Takeshi.

スマート表現
タケシ君は、すごい！ 新しい単語をすぐにおぼえちゃう！

You are good with new words, Takeshi!

learn new words と、be good with new words は、微妙にちがう言い方ですが、どちらも同じ意味ですよ。

ほめる

基本表現
こちらのほうが好きだわ。

I like this better.

スマート表現
あら、こちらのほうがずっといいわね！

Oh, this is so much better!

以前よりよくなっていることを強調したい場合は、This is so much better than before. です。Don't you think so, too?（そう思うでしょ？）と聞いてあげるとよろこびますよ。

ほめる

基本表現
あなたの答えで正解です。

Your answer is correct.

スマート表現
正解よ！

That's quite correct!

quite は「まったく・とても」と強調するときに使いますよ。ちょっとだけちがうときは、Almost correct.（ほとんど正解）のように、前向きに言いましょう。Just a little wrong.（ちょっとまちがい）より、感じがいいでしょう？

17

ほめる

基本表現
全問正解ですよ。
All your answers are correct.

スマート表現
ヒャー、全問正解だわ！
Wow! All correct!

おどろきの声は、ほかにもありますが、私は Wow!（ワオ！）が日本語に近いし、いいと信じています。おどろきの声などは、何語でもいいのですよ。たとえば、ヤヤー！なんて、どうでしょう？

ほめる

基本表現
すごい進歩で、おどろいちゃうわ。
I'm impressed with your progress.

スマート表現
前より上手になったのがわかるわ。
I can see that you're doing better now.

impressed のような立派な単語でも表現できますが、子どもたちにほめことばをおくるときは、なるべくシンプルな単語を使いましょう。You're doing better!（前より上手ね！）これだけでもいいですね。

ほめる

基本表現
あなたの進歩はいいわね。
I like your progress.

スマート表現
いいわね！日増しによくなっているわ！
Good! You're getting better every day!

「よくなっている」は、getting better 。「さらによくなっている」は、getting even better 。「ずっと、ずっとよくなっている」と表現するなら、getting so much better と言います。

ほめる

基本表現
あなたは、よく人のお話を聞くわね。
You are a good listener.

スマート表現
よくお話を聞くわね！
You listen well!

先生のお話を聞かない子どもがいたら、注意するのもよしですが、聞いているほかのお友だちをほめてみるのも、ひとつの手だと思います。自分もほめられたくて、変わるかも……。

ほめる

基本表現
お手伝い感謝するわ。
I appreciate your help.

スマート表現
助けてくれて、ありがとう。
Thank you for helping.

子どもが先生に、「手伝いましょうか？」と聞くときは、Can I help? と言います。「お願いね」と答えるなら、Of course, thank you. でいいですね。

ほめる

基本表現
これもあなたのおかげよ。
This is all thanks to you.

スマート表現
おかげで、おわったわね。
Thanks to you, we finished.

Thanks to you のあとに、説明すればいいのですね。Thanks to you, we finished decorating the Christmas tree!（あなたのおかげで、クリスマスツリーのかざりつけがおわったわ！）

「よくやったね」の気もちを伝える いろいろな表現

That was good!	よかったわ！
This is good.	これはいいわ
Good/Nice job.	よくできたね
Good/Nice work.	よくできたね
Very good.	いいじゃない
Very, very good.	すばらしいわ
You did it!	やったね！
You did it well.	よくやったね
You did it nicely.	上手にやったね
You did it again!	また、やったね！
You did a nice/great job.	すごくいいできよ
I like that!	私、それ好き！
I liked that.	それ、気にいったわ
Don't you think this is nice?	これ、いいと思わない？
It's almost perfect.	ほぼ完ぺきね
I knew you could do it.	できると信じてたわ
You are a champion!	あなたはチャンピオンよ！
You are simply marvelous.	ただただ、感心しちゃうわ
Oh, you're so great!	本当にすばらしいわ！

ほめことばは、どのようなフレーズを使うかではなく、言うときの感情が大事だと思います。冷たい感じで「最高です」より、全身を震わせながらの「いい！」のほうが、感動をよびますよ。

大丈夫だよ！ はげます

はげます

基本表現
やってみよう！　　　　　　　Let's go!

スマート表現
とにかく、やってみよう！　　　Go for it!

この Go for it. は、日本語の「いちかばちかでやってごらん」に近いと思います。プールに飛びこむことをちゅうちょしている子どもには、ピッタリの表現ですね。

はげます

基本表現
その調子で続けてね。　　　　　Please keep up the good work.

スマート表現
いい仕事。その調子よ！　　　　Good work. Nice going!

「その調子！」は、Keep it up! などとも言えますね。Come on, come on. Let's go!（さあ、さあ、それ行け！）などのかけ声もいいですね。「トモノリ君、がんばれ！」は Come on, Tomonori!

はげます

基本表現
やってみたら？　　　　　　　　Why don't you try?

スマート表現
やってみよう。　　　　　　　　Give it a try.

最初はなんでもそうですが、なれるまでは大変です。根気よく進めてみてください。Don't be afraid.（こわがらないで）とつけくわえてもいいですね。

はげます

基本表現
ためしてみよう。　　　　　　　Let's try it.

スマート表現
やっても損はないわね。　　　　It doesn't hurt to try.

たいした「損」はない。英語だと、たいした「痛み（損害）」はない。どちらも、にたような心境なのが、おもしろいと思いませんか？

はげます

基本表現
それは近かったわ！　　　　　　That was close!

スマート表現
おしい！　　　　　　　　　　　Almost!

close（クロースと発音）は、「近い」ということです。つまり、完成に近いのですね。Almost. は、You almost did it.（ほとんどできたのにね！）の略ですよ。

はげます

基本表現
いそがなくていいよ。　　　　　You don't have to hurry.

スマート表現
ゆっくりやっていいよ。　　　　Take your time.

早くやるだけならカンタンですが、「早く確実に」が大事なのです。幼いうちから教えてあげたい基本ですね。なれてくると正確さがくわわります。それまでは確実にやりましょう。

はげます

基本表現
いそぐ必要はありませんよ。　　There's no need to rush.

スマート表現
いそぐことはないよ。　　No rush.

昔、ゴールドラッシュというのがありました。アメリカの砂金をねらっての競争ですが、これはその逆、No rush. です。シンプルな表現で、「いそぐこた～ない！」の感じがだせるので便利です。

はげます

基本表現
時間はたくさんあるからね。　　You have enough time.

スマート表現
時間はじゅうぶんあるよ。　　There's plenty of time.

逆に、時間がない場合は？ There's no time now.（もう時間がないわ）。または、We're running out of time.（時間切れよ）

はげます

基本表現
あきらめちゃだめよ！　　Never give up!

スマート表現
ほら、できるよ！　　Come on, you can do it!

ウサギとカメの競走の場面で、ゴール寸前のカメさんに言っている感じですね。You're almost there!（もうすこしだよ！）と、さけんであげたくなります。

はげます

基本表現
今さら、やめないで。　　　　　　**Don't stop now.**

スマート表現
とちゅうでやめないで！　　　　　**Don't stop halfway!**

はじめたことを、とちゅうでホッポリだすのは、長い人生において悪いクセになりかねません。Just continue till the end.（最後まで続けて）という先生のことばに、感謝する日がいつかくる？

はげます

基本表現
気にしないで。　　　　　　　　　**Don't worry about it.**

スマート表現
心配しないで。　　　　　　　　　**Not to worry.**

「心配しないで」は、Don't worry. のほうが有名でしょうか？　Not to worry. のほうが「心配なし」と説得力があるような気がします。

はげます

基本表現
あなたの責任じゃないわ。　　　　**It's not your responsibility.**

スマート表現
あなたのせいじゃないわ。　　　　**It's not your fault.**

Whose fault is it?（だれの責任なの？）、It's all my fault.（すべて私の責任です）、You have to take full responsibility.（全責任をとってください）……きびしい!!

はげます

基本表現
失敗は心配しないでいいよ。　　**Don't worry about making mistakes.**

スマート表現
まちがいからおぼえるんだよ。　　**You learn by making mistakes.**

ほめることは大事ですが、まちがいを気にする必要がないことも教えてあげてください。You have to start from scratch.（最初からはじめないとね）。start from scratch は、ゼロからやりなおすということです。

はげます

基本表現
はずかしがらないでいいよ。　　**You don't have to be shy.**

スマート表現
はずかしがらないで。　　**Don't be shy now.**

Don't be bashful. という表現もあります。でも、落ちつかなくてドキドキするのは shy のほうが意味が近いと思います。

はげます

基本表現
あまりがんばりすぎなくてもいいよ。　　**You don't have to try too hard.**

スマート表現
無理をしなくていいからね。　　**Please don't force yourself.**

無理にやることを、force oneself と言うのですね。I forced myself to eat the apple.（無理してリンゴを食べた）

はげまし上手になれる たくさんの「がんばって！」表現

Good luck!	がんばってね（幸運を祈る）！
Try your best.	ベストをつくしてね
Do what you have to do now.	やるべきことをやるだけね
Take it easy.	気をつけてね
Hope you succeed.	成功するといいね
Come on. Go!	それ、行け〜！
Hang in there.	がんばれ（あきらめるな）
Hang on!	がんばれ（とちゅうでやめるな）！
Almost there.	もうすこしだよ
You'll be alright.	だいじょうぶだよ
Come on. Try again.	ほら、もう1回（挑戦しよう）
Try harder next time, okay?	次回は、もっとがんばってね
You're doing fine.	その調子よ
You're getting there!	もうちょっとだよ！
Cheer up!	元気だして！
Don't cry now.	泣いちゃだめよ
Keep on smiling!	笑顔でいこう！
You want to try again?	またやる？
I know you can do it.	できると信じているからね
That's the way to go!	その調子よ！
Well, you tried your best.	まー、ベストをつくしたからね
Nice try anyway.	（失敗だけど）努力したもんね
Better luck next time.	今度はうまくいくといいね

日本語は便利で、お決まりの文句でたいていのことは言えてしまいます。これが原因で、日本人には「口下手」な人が多いのかもしれません……？ 英語では、そうはいきませんよ！

お手伝いして！ 協力者をつのる

協力者をつのる

基本表現
手伝ってくれる人？　　　　Who would like to help?

スマート表現
手伝いたい人は？　　　　　Who wants to help?

手伝ってくれた子どもには、You are most helpful. Thank you!（本当に助かるわ。ありがとう！）などとほめてあげましょう。

協力者をつのる

基本表現
手伝ってほしいのよ。　　　I need some help now.

スマート表現
手伝ってくれる？　　　　　I need a helping hand.

helping hand で、「お手伝いをする人」という意味になります。おもしろいですね。ただし、You are my helping hand. とは言いませんので、ご注意を。

協力者をつのる

基本表現
だれか手伝ってくれる人？　　Who wants to volunteer?

スマート表現
手伝ってくれる人、いる？　　Any volunteers?

volunteer（ボランティア）は、日本語でも使うので、あまりむずかしくはないと思いますが、別の言い方としては、Who wants to help? もありますよ。

協力者をつのる

基本表現
先生役をやりたい人はいますか？
Does anyone want to be a teacher?

スマート表現
だれか先生をやりたい人？
Who wants to be a teacher?

正式には、Who wants to play the part of a teacher? となりますが、省略してやさしい表現にしましたよ。先生役の子にクラスの前にでてきてもらい、先生のノートなどをもたせたりすると、緊張とよろこびでレッスンがもりあがることうけあいです。

協力者をつのる

基本表現
興味がある人、いますか？
Are you interested?

スマート表現
トライしてみる？
Willing to try?

興味は interest ですが、興味があってもやる気がないと意味がありません。やる気があると、try することになります。これが理屈なのですね。とにかく、トライしてください。

協力者をつのる

基本表現
チャレンジしてみてくれる？
Can you try to challenge it?

スマート表現
トライしてみたら？
Try and see what happens.

ためすことは try（トライ）と言います。「努力する」は、「強くためす」と表現します。つまり、try hard となります。「もっと努力してくれる？」は、Can you try harder?

子どもの発言に答える

答える

基本表現
そのとおり。　　　　　　　　That's right.

スマート表現
同感よ。　　　　　　　　　　I agree.

子どもたちの話を聞いているということを、わかってもらうためには、ことばよりも態度のほうが大切です。うなずきながら、Yes. だけでもいいのですね。

答える

基本表現
それ、本当なの？　　　　　　Do you mean that?

スマート表現
本当？　　　　　　　　　　　Really?

この Really? は便利な表現ですね。会話ではちょくちょくでてきます。ただ、発音がＲとＬの組みあわせなので、すこしだけやっかいなのが欠点でもありますが……。

答える

基本表現
いやー、信じられないわ！　　No, I can't believe it!

スマート表現
冗談でしょう？　　　　　　　You must be kidding.

スマート表現の You must be kidding. ですが、You must be joking. でも同じ意味ですよ。joke（冗談）は、「冗談を言う」という動詞でもあります。

会話をもりあげる「あいづち」表現−1

Honest?	マジで？
Honestly?	ウソでしょう？
You're joking.	冗談でしょう？
You're kidding me!	冗談でしょう！？
You what?!	だから、どうしたって（なんだって）？
Exactly.	そのとおり
Did you really?!	本当に（そうしたの）？
Whatever you say.	あなたの言うとおりでいいわ
Is that what you're thinking?	そんなこと考えてるの？
I know.	知ってるわ
I don't know.	知らないわ
Is that right?	あら、そう？
Is that so?	本当に？
Isn't that so!	本当よね！
I believe you.	信じるわ
I can't believe that!	信じられないわ！
That's very true.	本当にそうね
I see.	なるほど
See?!	言ったとおりでしょ（それみたことか）！
You see?	わかる？
Do you see it?	理解できた？
Maybe.	そうかもね
Maybe so.	そうかもね
Say that again.	なんですって？
Pardon?	なんですか？
You think so?	そう思う？
Let me think.	考えさせて

何語でもそうですが、「はい」「いいえ」だけでは会話がもりあがらないし、上手に聞こえません。どうせなら、「あら、カッコイイ英語ね！」なんて言われたいと思いませんか？ それなら、これらのあいづちを練習してみてください。

会話をもりあげる「あいづち」表現−2

Of course.	もちろん
Of course not.	もちろん、ちがいます
That's not true.	それはちがいます
No, no, no!	ちがう、ちがう、ちがう！
Oh, my!	おやまー！
Oh, my goodness!	あら、おどろいた！
Over my dead body!	死んでもいやだわ！
Phew!	ヒャー！
Oh, no!	イヤだわ！
Come on!	またー！
Naturally.	もちろん
I hear you.	わかってます
I understand.	わかりました
You can say that again.	まったく、そのとおりよ
That's awful!	最悪ね！
Terrible!	ひどい！
It's out of this world.	この世のものとは思えない
That's a crazy story!	まったくバカみたいな話ね！
Interesting.	おもしろい
What a story!	なんていう話！
I like that.	それ、気にいったわ
I don't like that.	気にいらないわ
You are right.	そのとおりね
You may be right.	そうかもしれないわね
Absolutely.	もちろんです
Absolutely not!	ぜったいダメです！
By all means.	どうぞ、どうぞ

「あいづち」表現−1と2をマスターすれば、もう「英語のプロ」ですね！ でも、上手にあいづちがうてるようになると、英語の達人と思われて、相手はむずかしい英語でせめてくるかもしれませんよ。覚悟してくださいね！

子どもに、確認・質問する

確認・質問

基本表現
わかりましたか？　　　　　　　　**Did you understand?**

スマート表現
わかったわね？　　　　　　　　　**You got it, right?**

Did you get it? (わかった？) とも言えますが、それより、You got it, right? のほうがやさしい感じがするので、おすすめです。

確認・質問

基本表現
先生の説明、わかるかな？　　　　**Do you understand my explanation?**

スマート表現
（先生の言ってること）わかる？　**Do you follow me?**

「言おうとしていること、理解できます」、これを、I follow you. と表現します。なにも他人のことを尾行しているわけではありません。「ついていける」という意味なのですね。

確認・質問

基本表現
ルールはわかった？　　　　　　　**Do you understand the rules?**

スマート表現
ルールはわかったわね？　　　　　**You know the rules now, right?**

基本的なルールは、the basic rules と言います。ルールに違反するとバツがありますが、このバツは penalty（ペナルティ）です。You have to know the rules.（ルールを知らないとね）

確認・質問

基本表現
これ、知ってる人？　　　　　　　　**Who knows this?**

スマート表現
これ、知ってる？ だれか？　　　　**Know this? Anyone?**

なにかを見せて、「知ってる人？」と聞くときに便利な表現ですね。スマート表現では、文法よりも、生きた会話表現を紹介することに重きをおきました。Anyone?（だれか？）と追っかけて聞くのもいいですね。

確認・質問

基本表現
やさしい？ むずかしい？　　　　　**Is it easy? Is it difficult?**

スマート表現
どのぐらいやさしい？　　　　　　　**How easy? How difficult?**
むずかしい？

How をつけることによって、「どのぐらい」という意味になります。「案外やさしい」と答えるのなら、Quite easy. と言うといいですね。逆の場合は、Quite difficult.（案外むずかしい）

確認・質問

基本表現
あなたはどうですか？　　　　　　　**How about you?**

スマート表現
そちらは？　　　　　　　　　　　　**And yourself?**

会話の中では、相手の意見を求めるときに、ひんぱんに交わされる表現なので、みじかいほうがいいですね。And you?（あなたは？）、You, too?（あなたも？）など、応用を考えてみてください。

確認・質問

基本表現
なにか質問はありますか？　　**Do you have any questions?**

スマート表現
質問は？ だれか？　　**Any questions? Anyone?**

「今のうちにちゃんと質問してね」と、念をおすには、If you have any questions, now's the time to ask, okay?（質問は、今のうちよ）と言います。

確認・質問

基本表現
どうしたの？　　**What's wrong?**

スマート表現
どうかしたの？　　**Any problems here?**

What's wrong? は、What's the problem? とも言いかえられます。なにも問題がなければ No problem. と答えます。もっとかんたんに、Nothing. でもいいですね。

確認・質問

基本表現
すべてうまくいってるかな？　　**Is everything alright?**

スマート表現
問題なし？　　**No problem?**

こういう質問をされたら、Everything's fine.（大丈夫ですよ）とか、それこそ、No problem.（問題なし）と答えましょう。

確認・質問

基本表現
その答えでまちがいない？
Are you sure about your answer?

スマート表現
答えがあってるか見てみようか。
Let's see if your answer is correct.

先生に Are you sure?（まちがいない？）と聞かれ、答えがまちがっていると、子どもは落胆してしまうので、スマート表現のほうがいいですね。この手の質問には神経を使いますね。

確認・質問

基本表現
こういう意味なの？
Is this what you mean?

スマート表現
こう言いたいのね？
Is this what you want to say?

meanは、「意図する」という意味です。実際の会話では、次のようにも使いますよ。
You mean you don't want to go?（本当は、行きたくないの？）

確認・質問

基本表現
お手伝いしましょうか？
Do you need some help?

スマート表現
手伝いますか？
Need any help here?

スマート表現の最後に here が入っていますが、これは、別の場所からやってきて、「あれ、ここでなにか手伝うことある？」と軽く聞くときに、便利な表現ですね。

確認・質問

基本表現
これ、だれの消しゴムですか？　　　**Whose eraser is this?**

スマート表現
この消しゴムのもち主は、立ってください。　　　**The owner of this eraser, please stand up.**

It'll be nice if you can write your name on your eraser.（消しゴムに自分の名前を書いてくれるといいわね）。こんなことを言ってもいいですね。

確認・質問

基本表現
この／これらの単語をおぼえていますか？　　　**Do you remember this word/these words?**

スマート表現
この／これらの単語を聞いて、わかる人？　　　**Do you recognize this word/these words?**

remember と recognize。微妙なニュアンスのちがいなのですね。Do you remember me?（私をおぼえてる？）、Can you recognize me?（私を見わけることができる？）のちがい、わかりますか？

確認・質問

基本表現
これ、前にやりましたか？　　　**Did we do this before?**

スマート表現
前にやった？　　　**We did this before?**

スマート表現の We did this before? は、答えやすいように聞いていますね。Yes, we did.（はい、やりました）と答えればいいのです。このような質問のスタイルをおぼえると便利ですよ。

確認・質問

基本表現
もういちど、やってみますか？　　**Do you want to try it again?**

スマート表現
またやってみる？　　**Want to try again?**

日本語でもそうですが、文をみじかくしたほうが、人間味がでるような気がします。Want to try again? これでもじゅうぶん通じるのですね。

確認・質問

基本表現
お友だちと仲なおりできたの？　　**Did you make up with your friend?**

スマート表現
また、いい友だちだよね。　　**You are good friends again, right?**

---

make up は「仲なおりする」のほかに、「忘れたことや、できなかったことを取りかえす」という意味もあるのです。大人の世界でも、make up しましょうと言いますよね？

確認・質問

基本表現
用意はいいかな？　　**Are you ready now?**

スマート表現
準備OKかな？　　**Ready now?**

質問はなるべくみじかく、しかも答えになりやすい聞き方がベストですね。Ready now? と now をつけくわえることによって、「準備OKかな？」の「な」の感じがでますよ。答えは、Ready! とか I'm ready now. でいいですね。

きちんとルールをまもれる子に。注意する・しかる

注意する・しかる

基本表現
聞いてくれているかな？　　　　Are you listening?

スマート表現
こっちを向いて、聞いてください。　　Your attention, please.

構内アナウンスなどで、「ご案内いたします」と言うときも、Your attention, please. ではじまりますよ。私の小さいときのスペイン人の先生は、クラスがうるさいと、みんなの注意をひくために、わざと小さい声で話しました。

注意する・しかる

基本表現
ていねいに聞くときはなんて言うの？　　What do you say when you ask politely?

スマート表現
「プリーズ」と言えるかな？　　Can you say, "Please"?

先生の了解を得るとき、たとえばトイレに行きたいときなど、Can I go to the bathroom? のあとには please をつけるのが礼儀なのです。幼いうちにおぼえないと、一生できませんよ！

注意する・しかる

基本表現
ありがとうって、言った？　　Did you say, "Thank you"?

スマート表現
ありがとうって言うんだよね。　　You say, "Thank you," right?

please と同じぐらい大事なあいさつが「ありがとう」です。西洋では、建物のドアを他人のために開けて、おさえておくのが常識になっているので、毎日、Thank you. の連発となります。

注意する・しかる

基本表現
それは危険ですね！ — That can be dangerous!

スマート表現
ケガをしたら大変でしょう？ — I don't want you to get hurt!

子どもですから、多少の乱暴は自然なことですが、ケガや事故につながるような行動をとった場合は、早めに注意しなければなりません。重大さのバロメータは、先生の声量にかかっていますよ。

注意する・しかる

基本表現
日本語でしゃべるのはやめてくださいね。 — Please don't speak Japanese now.

スマート表現
今は英語だけの時間だよね？ — This is English-only time, right?

Just in English, please. とシンプルに言うこともできます。最初は、英語でしゃべるのがはずかしくて、抵抗する子どももいるとは思いますが、それも時間の問題です。がんばってくださいね。

注意する・しかる

基本表現
ドアはちゃんと閉めてくれる？ — Can you close the door properly?

スマート表現
ドアはバタンと閉めないで。 — Please don't bang the door shut.

家のあちこちにドアがあるのが当たり前の欧米では、ドアの開け閉めにはうるさくしつけをします。bang は、日本語の「バタンと」の感じで使います。

注意する・しかる

基本表現
教室をよごさないでね。
Please do not trash the classroom.

スマート表現
ゴミはゴミ箱にね。
Trash goes in the trash can.

ゴミは種類によって言い方が変わります。生ゴミは garbage、紙などのゴミは trash。ですから、ゴミ箱も、garbage bag（ゴミ袋）、trash can（金属製のゴミ箱）、waste basket（くずかご）、Dumpster（大型ゴミ収集容器）など豊富です。

注意する・しかる

基本表現
ねっころがらないでください。
Don't lie down, please.

スマート表現
まだ、ねるには早すぎるよ！
Too early for your bedtime!

それでもゴロゴロしている子どもには、Are you sick?（病気なの？）、Do you want to go to the doctor?（お医者さんに行く？）と、聞いてみてください。

注意する・しかる

基本表現
自分の仕事に集中しようね。
Please concentrate on your own work.

スマート表現
自分のことを考えなさい。
Please mind your own business.

Mind your own business. で「自分の商売に精をだしなさい」となります。子どもに対して使うと、なんとなく場ちがいな感じが楽しくていいですね。

注意する・しかる

基本表現
静かにしてくれますか？　　　　　**Can you be quiet, please?**

スマート表現
静かにね。　　　　　　　　　　　**Silence, please.**

Silence, please. は、しばしば「静粛に」とも訳されます。先生の威厳が感じられて、私は好きですね。やさしいだけが先生ではないということも、できる範囲で示しましょう。

注意する・しかる

基本表現
お行儀よくしてね。　　　　　　　**Please behave yourself.**

スマート表現
ふざけないでね。　　　　　　　　**Stop fooling around, please.**

fooling は fool、すなわち「バカなまねをすること」です。around をつけると、バカなまねをして暴れまわるような雰囲気になるのですね。

注意する・しかる

基本表現
これ、だれがしたの？　　　　　　**Who did this?**

スマート表現
だれがしたの？ 名のりでてく　　　**Who did this? Please speak**
ださい。　　　　　　　　　　　　**up.**

これもしかるときの定番ですが、責任をはっきりさせる必要があるときに、Please speak up. と、きっぱりと要求するのも、大事だと思います。だれも名のりでなくても、成果はあるはずです。

注意する・しかる

基本表現
なん度言ったらわかるの？
How many times do I have to tell you?

スマート表現
先生、疲れてきたわよ。
I'm getting tired of this.

この手は先生だけでなく、親も使えますね。子どものオイタをしかるのもいいですが、そのおかげで先生がこまっている（怒っている）ということを知らせるのも、大事なときがあります。

注意する・しかる

基本表現
あやまるべきだと思うわ。
I think you should apologize.

スマート表現
ごめんなさい、と言うべきね。
I think you must say, "I'm sorry."

Say I'm sorry.（あやまりなさい）と言うのと、I think you must say, "I'm sorry."（あやまるべきだと思うわ）の微妙なちがいに、なにか感じることはありませんか？

注意する・しかる

基本表現
もっとまじめにしてくれる？
Can you try to be more serious?

スマート表現
クラスに道化はいらないのよ。
No clowns in the class, please.

ちょっと高学年用のフレーズかもしれませんが、どのクラスにも道化役者はいるものです。おかげで、楽しい授業になるプラス面がでることもありますがね……。

注意する・しかる

基本表現
乱暴にしないで。　　　　　　　　　Please don't be rough.

スマート表現
乱暴はこまるわよ。　　　　　　　　No rough play, please.

日本語でも「ラフな格好」などで有名な単語ですが、be rough で、「乱暴な態度をとる」となります。こういう態度は、先生をバカにしている証拠かもしれないので、要注意です。

注意する・しかる

基本表現
けんかはやめてください。　　　　　No fighting, please.

スマート表現
けんかしたければ、外でやってね。　If you want to fight, go outside, okay?

けんかしたければ外で……これは、雨の日なんかは効果てきめんですよ。だいたいにおいて、天気が悪い日にもめごとがふえるので、便利だと思います。

注意する・しかる

基本表現
たたかないで！　　　　　　　　　　No banging, please!

スマート表現
そのバンバンの音はなに？　　　　　What is that banging sound?

壁をたたいても、机をたたいても、他人の頭をたたいても、バンバンと音がしますが、お行儀が悪いだけでなく、事故にもなりかねません。すみやかに注意するようにしましょう。

注意する・しかる

基本表現
走ってはだめですよ。
Don't run, please.

スマート表現
走りたかったら、外に行きなさい！
If you want to run, go outside!

けんかのところでも書きましたが、やりたかったら外にでなさい、がいちばん効果があると思います。校庭を何周もまわれば、疲れて静かになるでしょう。

注意する・しかる

基本表現
イスの上に立たないで。
Please don't stand on the chair.

スマート表現
イスは座るためにあるの、立つためではありません！
A chair is for sitting, not standing!

イスの上に立って食事をしている子どもを、成田のレストランで見かけたことがあります。うちの子だったら、はだしで外を散歩させられたでしょうね……！

注意する・しかる

基本表現
そこから降りてちょうだい。
Get down from there, please.

スマート表現
すぐに降りて。
Come down right away, now.

どうしてもテーブルの上やイスの上で立ちたいお子さんには、座れないイスを提供することをご提案します。ずっと立って暮らしてもらいましょう!?

英語レッスン&サークル編 ①

② 子どもだって、英語で言いたい！
いつもとちがう、あいさつをしたい！

あいさつ

スマート表現

サトウ先生、今朝は元気ですか？　　　**How are you this morning, Ms. Sato?**

英語では、teacher とは直接よびません。男性なら Mr. Sato、女性の場合は、Miss（ミス）、Ms.（ミズ）、Mrs.（ミセス）のどれでよばれたいか、本人に確かめる必要があります。this morning とか today を足すだけで、スマートになります。

あいさつ

スマート表現

とっても元気だよ！　　　**I'm feeling great!**

「これ以上、元気にはなれないよ」なんてどう言えばいいのでしょう？ Couldn't be better. ですね。Fine. とか、Very well. でもいいですよ。

あいさつ

スマート表現

元気だよ。　　　**I'm okay.**

How are you?/I'm fine, thank you. こればかりだと、答えを暗記させる感じが強いので、もっと人間味のある返事も教えたいですね。So-so.（まあまあ）、I feel great!（最高の気分！）などもありますよ。

あいさつ

スマート表現

イマイチ。　　　**Not so good.**

こんな感じで子どもに言われたら、こまりますよね。Oh, I'm sorry to hear that.（あら、それは大変ね）とでも言ってあげますか？

聞きたいこといっぱい！ お願い・質問

お願い・質問

スマート表現

サトウ先生、すみません。　　**Excuse me, Ms. Sato.**

先生に質問などをするときに、言うことばです。Excuse me. は、「ちょっと失礼」という感じで、人の前などを通るときにも、儀礼的に使うことばなので、よく教えてあげてくださいね。

お願い・質問

スマート表現

今日は、なにをするの？　　**What are we going to do today?**

これをベースにすると、いろいろなことが言えますね。What are we going to eat today?（今日はなにを食べるの？）と子どもに聞かれたら、You'll see!（じきにわかるわよ！）と答えてもいいですね。

お願い・質問

スマート表現

手伝ってくれますか？　　**Can you help, please?**

ほかの言い方としては、I need some help. などがあります。でも、お願いするときは、先生の名前を先に言うことが多いみたいですよ。Ms. Sato, can you help, please?

お願い・質問

スマート表現

もう1回、言ってください。　　**Can you say it again?**

Can you repeat? でもいいですね。repeat はくり返すことです。CDやテープなどで歌をかけなおす場合は、Can you replay the song?（歌をもういちどかけてください）。こんな聞き方もあります。

お願い・質問

スマート表現
これ、もらってもいい？　　　**Can I have this?**

もらってしまうことを、keep とも言います。Can I keep this?　答えがイエスの場合は、Of course. と言ってあげるといいですよ。

お願い・質問

スマート表現
消しゴム借りていいかな？　　　**Can I borrow your eraser?**

May I borrow your eraser? のほうが、よりていねいな聞き方ですが、ふつうは、Can I...? でも OK ですよ。Can you lend me your eraser?（消しゴムかしてくれる？）でも同じ意味です。

お願い・質問

スマート表現
ヒント、もらえますか？　　　**Can you give me a hint?**

Can you give me some ideas?（なにかアイデアをくれますか？）と言うこともできますね。

お願い・質問

スマート表現
日本語で言ってもいいですか？　　　**May I say it in Japanese?**

英語のクラスで、どうしても日本語でしか言えないときに、便利なフレーズですね。海外旅行のときに、このひとことでずーっと通した人を知っています。相手はこまったでしょうね！

お願い・質問

スマート表現

見ていい？　　　　　　　　　　**May I see?**

May I see it?（これ、見ていい？）とも言えますね。手にとって細かく見る場合は、May I take a look? です。ちなみに、「読んでもいい？」は May I read it? です。

お願い・質問

スマート表現

質問、いいかな？　　　　　　　**Can I ask a question?**

May I ask a question? をもっとストレートにした聞き方です。文法的には、いずれも正解ですよ。「どのようにするか教えて」は、Can you teach me how?

お願い・質問

スマート表現

（教室に）入っていいですか？　　**May I come in?**

ドアが閉まっていたら、ノックをすることも教えてくださいね。トントンと2回たたくと縁起が悪いと、私は小さいころに教えられたので、今でも3回たたくことにしています。

お願い・質問

スマート表現

「ゾウ」は英語でなに？　　　　**What's "zou" in English?**

How do you say "zou" in English? とも聞けますし、How can I say...? でも通じますよ。What's the English word for "zou"? こんな言い方もありますね。

子どもだって、主張したい！

主張

🙂 **スマート表現**
今日は、ぼくが一番のりだね！　　**I'm here first today!**

I'm here first. でなくても、早めにくることはいいことですね。Try to come early.（早めにくるようにしてね）

主張

🙂 **スマート表現**
ハイ！　　　　　　　　　　　　　**Here!**

roll call（点呼）で、自分の名前をよばれて、答えるときに。Yes! でもいいですよ。

主張

🙂 **スマート表現**
おくれてごめんなさい。　　　　　**(I'm) Sorry I'm late.**

Sorry to be late. でも、まったく同じ意味ですよ。

主張

🙂 **スマート表現**
わかったと思う。　　　　　　　　**I think I got it.**

「わかった」は、I understand. が定番ですが、I got it. もポピュラーな表現ですよ。この I think I.... も子どもらしくていいですね。

主張

😊 スマート表現
どうやるかわからない。　　　　　**I don't know how to do it.**

I don't know how to say it. だと、「どう言うかわからない」となりますよ。

主張

😊 スマート表現
わからなかった。　　　　　**I didn't get it.**

説明を受けたけど、まだよく理解できていない、ということです。すこし年れいが上の子用の表現かもしれませんね。

主張

😊 スマート表現
ぼくが（私が）やるから。　　　　　**I'll do it.**

ちょっとむずかしい言い方で、Leave it to me. もありますが、これだと、「私にまかせて」のニュアンスになってしまいますね。

主張

😊 スマート表現
やらせて！ 私（ぼく）にやらせて！　　　　　**Let me! Let me do it!**

これこそ「生きた会話」ですね。Can I? Can I do it? これでもまったく同じ意味ですよ。

主張

😊 スマート表現
おわった！（できた！）　　　　**Finished!**

I've finished.（私、おわったわ）の略です。みじかい単語ですませるのが、子ども英語の特徴でもありますね。I'm done. を略した Done. でもいいですよ。

主張

😊 スマート表現
すごくかんたん！　　　　**It's so easy!**

逆に、「すごくむずかしい」は、It's so hard. となります。

主張

😊 スマート表現
ヤッター！　　　　**Yea!**（イェーイと発音）

うれしくてさけぶわけですから、なんでもいいのです。日本語の Banzai! でも、野獣語（？）の「ウォー」でも、いいですね。

主張

😊 スマート表現
それは、無理！　　　　**That's not possible!**

子ども用としては、ちょっと生意気な表現ですが……。逆に、「それは、できるわ」をおぼえるのに便利かも。I think that's possible.

主張

スマート表現

ぼく（私）のせいじゃないよ。　　　**It's not my fault.**

It's all your fault.（みんな、あなたのせいよ）。これを言われるとつらいですね！

主張

スマート表現

わー、どうしよう!?　　　**Oh, no! What shall I do?!**

What should I do?! だと、「どうしたらいいと思う!?」となり、微妙なニュアンスのちがいがあります。

主張

スマート表現

それは、ずるいよ！　　　**(That's) Not fair!**

Not fair! とさけんでいる弟や妹が多いですね。どうも、長男と長女は勝手なことをするような気がしますね。わが家でもそうでした。

主張

スマート表現

つまらない。　　　**It's no fun.**

「たいくつ」は、It's boring. となりますが、これを言われると先生はショックを受けてしまいますね。先生泣かせの表現は、教えなくてもいいです……。

主張

スマート表現

それ、好き！　　　　　　　　　　**I like that!**

That sounds good! なんていう言い方もありますね。

主張

スマート表現

これ、私（ぼく）の！　　　　　　**It's mine!**

子どもの世界では「取りっこ」はつきものです。応戦するには、No, it's mine!（ううん、私の！）となりますね。

主張

スマート表現

うれしい！　　　　　　　　　　　**I'm so happy!**

I'm so glad. も「うれしい」ですが、単純にうれしいときは、ハッピーがおすすめです。やはり、so happy とか、so glad と、so を使ったほうが強調されていいですね。

主張

スマート表現

緊張してます。　　　　　　　　　**I'm nervous.**

nervous は、最近は日本語でも使うので、おぼえやすくなりましたね。ナーバスにならないで、使ってください。

主張

スマート表現

アッ、忘れちゃった！　　　　**Oh, I forgot!**

宿題、お弁当、ノート、なんでもいいですが、忘れものはいやですね。

主張

スマート表現

よかったね！（楽しかったね）　　**That was good!**

映画を見たあと、ゲームのあと、ランチを食べたあと、なんにでも使える表現です。

主張

スマート表現

本当だって！　　　　**But it's true!**

You must be kidding.（冗談でしょう？）なんて反論されたときに使う表現です。日本語だと、「でも、本当なんだもん！」といったところでしょう。

主張

スマート表現

（答えを）知ってるよ！　　**I know (the answer)!**

I know, but I forgot. と言えば、「知ってるけど、忘れちゃった」となります。

主張

スマート表現
見えません。　　　　　　　　　　**I can't see.**

先生が文字の前に立っていたりして、見えないことがありますね。先生にお願いするときは、Excuse me, Ms. Sato. I can't see.（すみません、サトウ先生。見えません）。こんな感じになります。

主張

スマート表現
ごめんなさい。これきらい。　　　　**I don't like this. Sorry.**

自分の好ききらいは、はっきりしたほうがいいと思います。Sorry. をつけると、なんとなくやわらかく聞こえますね。

主張

スマート表現
この歌がうたいたい。　　　　　　　**I want to sing this song.**

I want to を基本に、いろいろなことが言えますね。I want to dance to this song.（この曲でおどりたい）、I want to play this game.（このゲームであそびたい）など……。

主張

スマート表現
もう、やめた！　　　　　　　　　　**I'm going to quit!**

I'm going to quit. これは、頭にきて会社を辞めてしまう人も使えます。どちらかというと、幼稚な表現なので、大人向けではないかもしれませんがね。「もう、やめる」は I'm through with this. とも言えますよ。

トイレに行きたい！ 体のこと

体のこと

スマート表現

水を飲みに行っていいですか？　　**Can I go drink water?**

「のどがかわいた」は I'm thirsty. 水がほしいのなら、Can I have some water? と聞けばいいですが、クラスから離れた場所に飲みに行く場合は、go drink water と言いますよ。

体のこと

スマート表現

トイレに行ってもいいですか？　　**May I go to the restroom?**

---

bathroom とか、toilet でもいいですが、restroom がいちばん便利だと思います。なぜなら、大人になってからも使えるからですよ。

体のこと

スマート表現

気分がよくないの。　　**I'm not feeling well.**

だるいとか、熱があるとか、体の不調をうったえるのに、この not feeling well が便利です。逆に、聞く場合は、Aren't you feeling well?（ぐあい、よくないの？）

体のこと

スマート表現

ケガをした(と思う)の。　　**(I think) I hurt myself.**

切り傷は a cut、すり傷は a scratch、打ち身は a bruise と、ケガにもいろいろありますが、いずれも痛みをともなうので、I hurt myself. で、ケガをしたことを告げることができます。

英語レッスン&サークル編 ❶

❸ スマートな英語表現で、レッスンをしてみよう！
教室で、子どもたちをむかえいれる

あいさつ

基本表現
お名前は？　　　　　　　　　　**What's your name?**

スマート表現
そして、あなたのお名前は？　　　**And your name is?**

Hello! などのあいさつのあとに、自然な流れで名前を聞くと、スマートに聞こえます。Good morning! How are you today? And your name is? いかがでしょうか？

あいさつ

基本表現
今日は元気？　　　　　　　　　**How are you today?**

スマート表現
今日はうれしそうだね。　　　　**You look happy today.**

How are you?/I'm fine, thank you. この定番のあいさつだけではつまらない、と感じている先生も多いのではないでしょうか。工夫してみましょう。

あいさつ

基本表現
みんな、元気？　　　　　　　　**How are you, everybody?**

スマート表現
みんな、今日も元気かな？　　　**How's everybody today?**

「クラスのみんな」と、声をかけるのには、everybody がいちばん便利ですね。「みんな立って！」と、号令をかけるのなら、Everybody, stand up! となります。

入室時

基本表現
週末はどうだった？　　How was your weekend?

スマート表現
みんな、いい週末だった？　　Did everybody have a nice weekend?

Did you enjoy your weekend? と聞いてもいいですね。いろいろと使いわけて、バリエーションを楽しんでください。

入室時

基本表現
朝食は食べたかな？　　Did you eat your breakfast?

スマート表現
朝食を楽しく食べてきたかな？　　Did you enjoy eating your breakfast today?

なにごとも、「楽しくやった？」と、聞くのがコツだと思います。ただ食べたか、と聞くよりも、楽しかったかどうか聞くほうが、話題が広がるからなのです。

入室時

基本表現
ユウジくん、今日は早くきたんだね？　　Yuji, you came early today?

スマート表現
ユウジくん、今日は早い！　　Yuji, you are early today!

いつもおくれてくる子どもが早くきた！　気がついてあげるということは、非常に大事ですね。こういうちょっとしたことで、子どもはやる気をだしてくれます。

英語レッスン&サークル編 ①

むかえいれる

入室時

基本表現
クラスに最初に到着だね。　　　You arrived at the class first.

スマート表現
最初に到着だね！　　　You came first!

クラスに着いたのが最初かどうかなど、大人には興味がないことですが、子どもたちには特別な意味があります。でも、これも先生の反応次第、つまり気がつくかどうかにかかっています。

入室時

基本表現
時間ぴったりに到着したね。　　　You arrived just in time.

スマート表現
よかった。ちょうど間にあったね。　　　Good. You're just in time.

on time は「時間どおり」で、in time は「間にあう」ということです。You came on time.（時間どおりにきた）と You came in time.（おくれないできた）。ちがいがわかりますか？

入室時

基本表現
ぎりぎりセーフだね！　　　You're barely safe!

スマート表現
わー、間一髪だ！（ちょうど間にあった）　　　Wow! You just made it!

間一髪さを演出するために、最後の10秒を、毎回、クラス全員でカウントダウンするのもいいかもしれませんね。かけこみセーフの子どもも、よろこんでくれるでしょう。

むかえいれる

入室時

基本表現
リサちゃんは、まだ到着してません。
Lisa hasn't arrived yet.

スマート表現
リサちゃんはまだですよ。
Lisa is not here yet.

「到着しました」と言うときは、She has arrived. でもいいですし、She's here. だけでも同じ意味になります。

入室時

基本表現
あの子、今日は遅刻？ それともお休み？
Is she late today? Or, is she absent today?

スマート表現
ただの遅刻か、お休みか、見てみましょう。
Let's see if she is just late or absent.

そして、到着したら、There she is!（ほら、きたわ！）と、よろこんであげてくださいね。I still don't see her.（まだ見えないわ）と、さみしがってもいいですよ。

入室時

基本表現
ヒザ、どうしたの？
What's wrong with your knee?

スマート表現
ヒザ、どうかしたの？
What happened to your knee?

What's wrong? と What happened? を使うことによって、たいていの問題は聞くことができます。knee を arm、face、leg、hand、finger などにかえるだけで OK ですね。

入室時

基本表現
そのリボン、かわいいわ。　　　**Your ribbon is cute.**

スマート表現
そのリボン、にあうわ。　　　**That ribbon looks good on you.**

「にあう」には、基本的には、____ looks good on you. と You look nice in ____. と2つの形があります。たとえば、「赤がにあう」だと、Red looks good on you. または You look nice in red. となります。

入室時

基本表現
新しいクツ、いい感じよ！　　　**Your new shoes look nice!**

スマート表現
新しいクツ、いいわね。　　　**I like your new shoes.**

ステキだとか、いいものは、なんでも I like.... (…が好きです) だけで表現できますよ。ステキだから好きだということです。便利だと思いませんか？

入室時

基本表現
シャツがおかしいわね。　　　**Your shirt looks funny.**

スマート表現
なんかシャツがおかしいわね。　　　**Something's wrong with your shirt.**

うらがえし (inside out) だとか、うしろ前 (Its front and back are wrong.) といったことを説明する前に、まず言わなければならない表現を紹介しましたよ。

入室時

基本表現
ママに「バイバイ」できるかな？
Can you say, "Bye-bye!" to Mommy?

スマート表現
ママに、「あとでね」と言いましょうね。
Say, "See you later" to Mommy, okay?

Bye-bye! でもいいですが、See you later! だと、「あとであえる」という意味がはっきりしているので、子どもたちには受けがいいでしょうね。

入室時

基本表現
クツはぬいだら、そろえてください。
Take off your shoes and line them up nicely.

スマート表現
クツはちゃんとそろえてね。
Line up your shoes neatly, okay?

nicely と neatly は同じ意味ですよ。だれがいちばんきれいにそろえることができるか、コンテストをやるといいですね。私は、なんでもコンテストが大好きです。クッキーをおそく食べるコンテストなど……いかが？

入室時

基本表現
上ばきにはきかえてください。
Can you change into indoor shoes?

スマート表現
上ばきにはきかえようね。
Change into indoor shoes, okay?

室内ではくクツは、indoor shoes でも room shoes でもいいのです。スリッパの形だと room slippers と言いますよ。カンタンですね。

入室時

基本表現
上着をぬいでね。
Take off your jacket now.

スマート表現
さー、みなさん、上着はぬいでね。
Alright, jackets off, everybody.

わざわざ Take off your jacket. と言わなくても、Jackets off! とさけぶだけでも、「上着をぬいで」と号令をかけることができます。Shoes off!（クツをぬいで！）も使えますね。

入室時

基本表現
服は、ハンガーにかけてね。
Hang your clothes on hangers.

スマート表現
ハンガーを使ってよ。
Please use hangers.

スマート表現でおわかりのように、英語では細かいことは、いちいち言いません。ハンガーに服をかけるのは常識です。お弁当をかけたら変なことになります。また、複数の子どもたちに指示しているので、hangers と複数形になっていますよ。

入室時

基本表現
バッグは、いつものところにおいてね。
Store your bags in the usual place.

スマート表現
バッグは、いつものところにね。
Bags go to the usual place, okay?

「勝手なところにおかないで！」と注意するには、Don't leave your bags just anywhere, alright?（バッグは勝手にどこにでもおかないでよ！）こんな感じでどうぞ。

入室時

基本表現
クラスがはじまるまで、静かにまっててね。
Can you wait quietly until class begins?

スマート表現
今のところは、静かにまっててね。
Wait quietly for now, okay?

この for now（今のところは）を使いこなすと、英語が上手に聞こえますよ。You can sit down for now.（今のところは座っててね）……こんな感じで使いますよ。

入室時

基本表現
座ってください。
Please take your seat.

スマート表現
座ってもらえますか？
Won't you sit down?

Please take your seat. は、ていねいな言い方で、父母会のときなどに使えますね。Won't you sit down? だと、やさしい言い方で、だれでもすぐに、座りたくなってしまいます。

入室時

基本表現
レッスンの準備をさせてね。
Let me get ready for the lesson.

スマート表現
さー、準備をしなくちゃね。
I need to get ready now.

最後に now をつけくわえると、日本語の「ね」の雰囲気が演出できます。I have to eat now.（食べなくちゃね）。おぼえて、Be sure to use it now.（使ってみてくださいね）。

「あいさつ」のバリエーションを楽しみましょう！

Hello!	こんにちは！
Good morning!	おはようございます（おはよう）！
Lovely morning!	ステキな朝ですね！（大人が使う表現）
Good afternoon!	こんにちは！
Good evening!	こんばんは！
Hi!	ハーイ！
Hey!	やあ！
Howdy!	よっ！（カウボーイが使う）
Greetings!	ごきげんよう！
How are you?	元気？
How are you doing?	元気ですか？
What's wrong?	どうかしたの？
Sorry, I'm late.	おそくなってごめん
You look great.	元気そうね
How's everything?	元気にしてる？
Everything alright?	問題なしね？
Nice to see you!	あえてうれしい！
So nice to see you.	あえて、本当にうれしい
Glad to see you.	あえてうれしいわ
I'm glad to see you.	おあいできてうれしいです
Nice day today.	いい天気ね
Nice day, isn't it?	いい天気じゃない？
Nice day, yes?	いい天気、でしょ？（ヨーロッパ人が好む表現のよう）
Did you sleep well last night?	昨夜はよく眠れた？
What are your plans today?	今日の予定はどんな感じ？
Finished eating yet?	食事すんだの？

What's up? は、日本の英会話本には定番のように登場しますが、若者どうしの会話で使われる「よー、どうした？」の感じなので、このリストにはあえてのせませんでした。ご了承くださいね。

さあ、レッスン開始！

はじめましょう

基本表現
失礼（道をあけてもらうとき）。　　**Excuse me.**

スマート表現
通っていいかな？　　**May I pass, please?**

「すこしどいて」の感じで言う場合は、Can you move? でいいですね。pass は「通る」、move は「どく」。これが基本です。

はじめましょう

基本表現
クラスがそろったかな？　　**Is the whole class here?**

スマート表現
みんな準備はいいかな？　　**Are you all ready?**

もっとかんたんな言い方は……ただの Ready? でもいいかもしれませんね。これだけでは心配なら、Ready for class? でもいいですよ。

はじめましょう

基本表現
今日のレッスンをはじめましょうか？　　**Shall we start today's lesson?**

スマート表現
さー、みんな、（クラスの）用意はいいかな？　　**Come on, everybody! Ready for today's class?**

クラスに声をかけるときは、Come on, everybody! これがいちばん便利だと思います。みんなの注意をひくことにもなるのですね。

はじめましょう

基本表現
クラスは10分前にはじまっているよ。
Class started ten minutes ago.

スマート表現
10分おくれよ！
We're late ten minutes!

「時間どおり」は、on time と言います。Let's try to start on time, okay?（時間どおりにはじめようね）、こんな感じでもやさしく聞こえますね。

はじめましょう

基本表現
元の場所にもどしてくれる？
Can you return it to its original position?

スマート表現
もどしてくれる？（返してくれる）
Can you put it back?

もちろん、複数のものをもどす場合は、put them back となります。I think the toys want to go home.（オモチャも家に帰りたいと思うわ）、これなどは子ども受けする表現ですね。

はじめましょう

基本表現
今日は、やる気にならない？
Don't you feel like doing it today?

スマート表現
今日は、やるムードではない？
Not in the mood today?

やりたくない子を、無理にやらせることもできないので、Then, let me know when you feel like doing it, okay?（じゃあ、やりたくなったら先生に教えてね）と言ってあげましょう。

出席をとる

基本表現
出席をとりますよ。
I'm taking attendance now.

スマート表現
(みなさんの) 名前をよびますよ。
I'm going to call out your names.

出席をとる際、名前をよばれた人は、Here!（ここです！）と答えます。Yes. でも、まちがいではありません。I'm here. とか Present. と言う人もいますよ。

出席をとる

基本表現
リーダー、出席をとってくれますか？
Leader, can you take attendance, please?

スマート表現
リーダー、名前をよんでくれますか？
Leader, can you call out names?

take attendance が「出席をとる」という言い方ですが、「名前を読みあげる」ことは call out names と言います。call out names のほうが子どもには理解しやすいので、私は好きです。

出席をとる

基本表現
手をあげて、「はい」と言ってください。
Please raise your hand and say, "Here."

スマート表現
手をあげて、「はい」と言おうね。
Raise your hand and say, "Here," okay?

笑顔で返事をしてもらうのもいいですね。Can I have a big smile?（大きなスマイルをください）。私なら、立って、まわりの人たちにニコニコしながら両手をふってもらいます。Stand up and wave to everyone!（立って、みんなに手をふろう！）

出席をとる

基本表現
まだよばれてない人？　　　　　Anybody not called yet?

スマート表現
だれかぬけてる？　　　　　　　Who's missing?

お休みの人もいますよね。「お休み」は、absent と言います。お休みでなくても、先生のお話を聞いていない子は、absent-minded（頭がお休み）と言われてしまいますよ！

出席をとる

基本表現
今日は、だれがお休み？　　　　Who is absent today?

スマート表現
今日、だれかお休み？　　　　　Anybody absent today?

「2日間お休み」は、absent for two days、「3日連続でお休み」は、absent three days in a row と言いますよ。「1週間ずっとお休み」だと、He/she is absent the whole week. と言います。

出席をとる

基本表現
ミキちゃんは今日、遅刻します。　Miki will be late today.

スマート表現
ミキちゃんはあとできます。　　　Miki is coming later.

おくれることは be late がポピュラーな言い方です。be tardy とも言いますよ。Try not to be late, okay?（おくれないようにしてね）

出席をとる

基本表現
今日、タケシ君はカゼでお休みだそうです。
Takeshi will be absent with a cold today.

スマート表現
タケシ君は、カゼでお休み。
Takeshi's absent with a cold.

カゼでお休み、がもっともポピュラーな原因でしょうか？ Absent with a toothache.（歯痛でお休み）などもありますね。

出席をとる

基本表現
ケン君は、今日はいそがしくてこられなかったの。
Ken is busy today and could not come.

スマート表現
ケン君は、ほかにやることがあるの。
Ken has something else to do.

このスマート表現は、いろいろな場面で使えますね。Sorry, I can't help you now. I have something else to do.（ごめんなさいね。今はお手伝いできないわ。ほかにやることがあるのよ）

出席をとる

基本表現
ミクちゃんが、今日からもどってきました。
Miku is back from today.

スマート表現
ミクちゃんがもどってきた！
Miku's back!

元気になってもどってきた子どもには、You look great!（元気そうね！）と hug（だきしめる）してあげましょう。

出席をとる

基本表現
またあえてうれしいね。　　　　　**So happy to see you again.**

スマート表現
あえなくてさみしかったわ！　　　**We missed you!**

miss をひとことで表すことばは、日本語にはないのでは……？ あえなくなってさみしくなるわ。これが、I'll miss you. だけで通じるのですから、便利ですね。

出席をとる

基本表現
もどってきてうれしい？　　　　　**Are you happy to be back?**

スマート表現
もどってこられて、おめでとう！　　**Welcome back!**

病気などで休んでいた子がクラスにもどってきたら、やはり全員でよろこんであげたいですよね。みんなで、Welcome back! とさけんでもいいのでは……？

出席をとる

基本表現
次は、おくれないでね。　　　　　**Try not to be late next time.**

スマート表現
おくれないようにね。　　　　　　**Don't be late, okay?**

late と同じ意味で、tardy ということばがあります。Tardy children are sent to the principal.（おくれた子どもは、校長先生のところに行かされます）。tardy もおぼえておいてくださいね。

リーダーを決める

基本表現
今日のリーダーを決めよう。 　　Let's choose today's leader.

スマート表現
今日のリーダーになりたい人？ 　Who wants to be today's leader?

なりたい人は、Me! などと手をあげてもいいですね。前回のリーダーがだれだったか聞くときは、Remember the last leader?（前回のリーダー、おぼえてる？）

リーダーを決める

基本表現
だれか推薦してくれる？ 　　Can you recommend anyone?

スマート表現
おすすめ（の人）は？ 　　Any suggestions?

I recommend Kenta.（私は、ケンタ君を推薦します）のように答えます。recommend はむずかしいと思うのなら、I want to push for Kenta.（ケンタ君をおしたい）でも、いいですね。

リーダーを決める

基本表現
リーダーが2人って、ありかな？ 　Can we have a pair of leaders?

スマート表現
男の子と、女の子。2人のリーダーね！最高！ 　A boy and a girl. Two leaders! Great!

リーダーは、1人でなくてもいいですよね。チームでやったほうが、はずかしくないし、相談しながらものごとを進めるお勉強にもなります。

子どもを英語の世界にひきこむ導入

天気・気温

基本表現
今日のお天気のこと、調べましたか？
Did you check the weather today?

スマート表現
今日の天気はどう？
How's the weather today?

天気予報は weather forecast と言います。日本のテレビでは、お天気情報と言っている局もあります。当たらないので予報ということばがきらいなのかな？と、考えてしまいます。

天気・気温

基本表現
今日は天気がよくてうれしいです。
I'm glad it's a nice day today.

スマート表現
晴れだ！ うれしい！
Sunshine! I'm happy!

sunshine（太陽の光）がうれしいという気もちは、英語でも日本語でも同じですね。お天気は偉大です。人間は自然にはかなわないのですね。

天気・気温

基本表現
今日は風が強いわね。
It's very windy today.

スマート表現
飛ばされないでよ！
Don't get blown away!

飛ばされるほどの風なら、台風かなにかがきていて、クラスはないかも……。でも、子ども相手の会話には、これぐらいの派手なギャグが必要かもしれませんよ。

天気・気温

基本表現
今日は雨で残念だね。　　Sorry it's raining today.

スマート表現
雨で残念。　　Too bad it's raining.

1日中、雨でうっとうしいと説明するときは、It's a lousy day. と言います。lousy（ラウジーと発音）は、louse（シラミ）からきていて、「最低」などの意味ですよ。

天気・気温

基本表現
雨の日が好きな人？　　Who likes rainy days?

スマート表現
雨が大好きな人は？　　Any rain lovers?

実際に雨が好きな人っているのですよ。うれしくって、カサもささないで歩くのだそうです。おうちが雨グツのメーカーだったりして……？

天気・気温

基本表現
てるてる坊主つくる？　　Do you want to make "Teru-Teru Bozu"?

スマート表現
てるてる坊主つるそうか？　　Want to hang "Teru-Teru Bozu"?

てるてる坊主は、無理に英語に訳さなくていいと思います。日本の文化ですから、そのままで言ってください。

天気・気温

基本表現
明日は、きれいに晴れるといいね。
I hope it clears up tomorrow.

スマート表現
明日、晴れるといいね。
Hope it's nice tomorrow.

ふだんの会話では、I などの主語を省略することも多いのです。また、clear up は、「雲が去って太陽が顔をだす」という意味です。Nice tomorrow? だけで、「明日はいい天気?」と通じますよ。

天気・気温

基本表現
午後に、にわか雨がふるかもしれません。
We might have a few showers in the afternoon.

スマート表現
にわか雨があるかもね。
We might have a shower.

「午後から雨になる」と説明するなら、It will rain in the afternoon. となります。変わりやすい/不安定な天気なら、The weather is changeable/is not stable. と説明ができますよ。

天気・気温

基本表現
今日は、すごいむし暑さだね。
It's very humid today.

スマート表現
ベトベトする日だね。
It's sticky today.

---

sticky は、「くっつく」の stick に由来しています。「むしむしする」は muggy。humid と意味はいっしょです。日本の梅雨時なら、It's muggy today.（今日はむしむしする）。つらい毎日ですね……。

天気・気温

基本表現
暑いね。 It's hot.

スマート表現
うだってるわ。 I'm boiling.

I'm boiling. の boiling は「お湯でゆでたような感じ」の意味です。これは、汗でビショビショで大変！ というときに使う表現ですよ。

天気・気温

基本表現
大汗かいてるわね！ You're sweating so hard!

スマート表現
ひどく汗かいてるわ！ You're sweating like mad!

ついでに、雨でずぶぬれのときは、You're soaking wet. と言いますよ。soak は、「水につける」の意味ですから、まるでバケツの水につけたようにぬれているということなのですね。

天気・気温

基本表現
こごえそうよ。ヒーターを入れようね。 It's freezing in here. Let's turn on the heater.

スマート表現
アイスキャンデーにはなりたくないよ。ヒーターをお願い！ I don't want to be a Popsicle. Heater, please!

子どもは寒さに強いですよね。棒つきの氷菓子、つまりアイスキャンデーを Popsicle と言います。日本のものとはすこしばかりちがうので、いちどためして、くらべてみてください。

日付

基本表現
今日は、何月何日ですか？　　**What's the date today?**

スマート表現
今日の日付は？　　**What's today's date?**

基本表現とスマート表現で、こんなにもちがわないのも、めずらしいですね。

日付

基本表現
今日は何曜日？　　**What day is it today?**

スマート表現
ねー、今日は火曜日？　　**Say, is it Tuesday today?**

日本語の、「ねー」と声をかけるときの表現を教えたくて、書きましたよ。Say でもいいし、Hey でもいいですね。もちろん、相手の名前を言うのがベストでしょう。

日付

基本表現
今日は、どんな特別な日ですか？　　**What special day is it today?**

スマート表現
今日は、なにが特別なの？　　**What's so special today?**

It's my birthday!（私のたんじょう日！）なんて答えがかえってくるかもしれませんね。Today is "Happy Birthday" for Miho! または、Today is Miho's "Happy Birthday!" などと、ドラマチックに発表してもいいですね。

日付

基本表現
12月25日はなんの特別の日かな？
What special day is December 25th?

スマート表現
12月25日はなんの日？
What do you have on December 25th?

「12月25日はなんの日？」は、What's on December 25th? こんな聞き方もありますね。

日付

基本表現
クリスマスまで、あと何日？
How many more days till Christmas?

スマート表現
クリスマスは、いつくる？
When's Christmas coming?

「あと10日だよ」と答えるのなら、In ten more days. でいいですね。「まちどおしいな」と、かわいく答えるのなら、I can hardly wait. が好きですね。

日付

基本表現
1週間のうちで、何曜日がいちばん好き？
What day of the week do you like best?

スマート表現
いちばん好きな曜日は？
What's your favorite day of the week?

「1週間のうちの1日（つまり曜日）」が day of the week、「1ヵ月のうちの1日」は day of the month、「1年のうちの1日」なら day of the year。かんたんですね。

宿題確認

基本表現
宿題やった？
Did you do your homework?

スマート表現
宿題はすんでるよね？
Homework's done, right?

「今回の宿題はどうでした？」なんて聞くのもいいかもしれませんね。それには、Did you enjoy your homework this time? とか、How was your homework this time? などが使えますね。

宿題確認

基本表現
宿題を提出してください。
Please hand in your homework.

スマート表現
宿題をもらえるかな？
Can I have your homework?

それぞれが先生のところにもってくるのではなく、子どもに回収してもらうときは、Can you collect everybody's homework?（みんなの宿題あつめてくれる？）が便利ですね。

宿題確認

基本表現
宿題はやったけど、家に忘れてきました。
I did my homework, but I forgot it at home.

スマート表現
宿題を家に忘れてきちゃった。
I left my homework at home.

こういう説明をする子どもには、You can bring it in next time, okay?（それでは、次回にもってきてね）と、やさしく言いましょう。やさしいながらもこわい先生ですね。

宿題確認

基本表現
宿題をするの忘れた。
I forgot to do my homework.

スマート表現
完全に忘れてました。
I forgot about it completely.

completely は「完全に」という意味です。She broke her glasses completely.（彼女はメガネを完全にこわした）。完全にこわすというのは、どうすればできるのでしょうかね……？

宿題確認

基本表現
時間がなかったの？
You didn't have time?

スマート表現
いそがしすぎたのね。
Too busy, right?

You didn't have the time? が、文法的には正しいと思いますが、日常の会話では、the を入れなくても正解とされます。時間がないのですから、省略しましょう！

宿題確認

基本表現
次回は、忘れないよね？
You won't forget next time, will you?

スマート表現
次回は忘れないようにしてね。
Try not to forget next time, alright?

基本とスマートの表現は、ともに will you? と alright? と、質問風におわる話し方になっています。これは、日本語の最後の「ね？」の雰囲気をだすためにあるのですよ。

宿題確認

基本表現
CD は毎日聞いたかな？　　**Did you play the CD every day?**

スマート表現
CD は楽しかった？　　**How did you enjoy the CD?**

スマート表現の質問には、どう答えますか？ I liked the songs very much.（歌がとってもよかった）、I especially liked the first song!（とくに、最初の歌がよかった！）。こんな感じですね。

宿題確認

基本表現
家で練習できましたか？　　**Did you practice at home?**

スマート表現
家で練習したよね？　　**You practiced at home, right?**

最後に right? と言って確認すると、日本語の「よね？」の感じがでますよ。もうひとつぐらいサンプルを見たいですね。続いて、次を見てみましょう。

宿題確認

基本表現
今日はもっと宿題がほしいですか？　　**Do you want more homework today?**

スマート表現
宿題、大好きよね？　　**You love homework, right?**

もうひとつの、right? のサンプルです。これで自信がついたのではないですか？ You feel more comfortable, right?（もっと楽な気もちになりましたよね？）

子どもを夢中にさせるレッスン中のフレーズ

CD を聞く

基本表現
この歌を聞いてください。　　　Please listen to this song.

スマート表現
さあ、これを聞いて。　　　Listen to this now.

最後に now をつけると、「さあ」のニュアンスがだせます。「先生のあとについてうたってください」は、Please sing after me. とか Sing after me now. と言いましょう。

CD を聞く

基本表現
歌をまきもどしてみよう。　　　Let's rewind the song.

スマート表現
もどって、もう1回ね。　　　We'll go back and play it again.

テープのころからの習慣で、rewind（まきもどし）という表現が主流になっていますが、CD のように、すぐに元にもどせる場合は、単に go back でいいですね。

CD を聞く

基本表現
ボリュームをあげるよ。　　　Let's turn up the volume.

スマート表現
ボリュームをアップするよ。　　　Volume up, okay?

逆に、「ボリュームをさげる」は、turn down the volume です。ついでに、「本当に小さい音までさげる」は、turn down the volume real low と言いますよ。

英語レッスン&サークル編 ❶

歌をうたう

基本表現
音楽にあわせてうたいましょう。
Sing along with the music.

スマート表現
さあ、みんな、いっしょにうってね！
Come on, everybody, sing along now!

Come on, everybody! を、すこし変化させても便利ですね。Come on, boys!（さあ、男の子たち！）、Come on, girls!（さあ、女の子たち！）、Come on, mothers!（さあ、お母さんたち！）。みんなの注意をひくときの定番です。

歌をうたう

基本表現
なにをうたいたい？
Which song do you want to sing?

スマート表現
なにをうたいたい感じ？
What do you feel like singing?

いっしょにうたうのは、sing together、コーラスするのは、sing a chorus、ここまではやさしいですね。では、ハーモニーをつけてうたうのは？ sing in harmony と言いますよ。

歌をうたう

基本表現
もうすこし大きな声でうたってくれる？
Can you try to sing a bit louder?

スマート表現
もっと、大きくね。
I want you to sing louder.

子どもが元気すぎて、こまることも多々あります。「もうすこし、静かにうたって」と言いたくなるときもあるでしょう。そんなときは Sing a bit more softly. とか Lower your volume. などと言えますよ。

歌をうたう

基本表現
この歌、もっとはやくうたえる？
Can you sing this faster?

スマート表現
はやいテンポよ！
Faster tempo now!

Faster!（もっとはやく）、A bit faster!（もうすこしはやくね）、Much faster now.（もっとはやくね）、Much, much faster!!（もっと、もっとはやく！！）、「ニュアンス英語」は楽しいですね！

歌をうたう

基本表現
私が4つかぞえてから、うたうのよ。
I will count to four and you then sing.

スマート表現
4つカウントしたら、うたってね。
You sing at the count of four.

「1番だけうたおう」は Sing the first verse only. と言います。ハーモニーのある歌なら、You sing the high/low part, please.（高い／低いパートをうたってね）とパート分けをしましょう。

歌をうたう

基本表現
今度は、toes（つま先）をぬいてうたおう。
Don't sing "toes" this time.

スマート表現
toes（つま先）はとばしてうたってね。
Skip "toes" now.

"Head, Shoulders, Knees and Toes" はすばらしい歌ですが、ヘンリーおじさんの "Touch Your Nose" と "Touch Your Head"*も負けないですよ。ぜひ、聞いてみてくださいね。

* 『ヘンリーおじさんのやさしい英語のうた』CD#1/2に収録（くわしくはp.229）

歌をうたう

基本表現
フリをつけてうたえる？　　Can you sing with some actions?

スマート表現
動きをつけてうたってね。　　Sing with movement, okay?

「フリ」は、action とか movement と言います。大事なことは、肩でリズムをつかむことですよ。手足ばかりに神経がいきそうですが、おどりは「肩」が命なのです。

歌をうたう

基本表現
今日は指揮者をやってくれるかな？　　Can you try to be the conductor today?

スマート表現
今日は君が名指揮者（マエストロ）だよ！　　You're the Maestro today!

全員で歌を存分に楽しむには、打楽器をくわえたりするのも手です。Shall we try using some percussion?（打楽器を使ってみようか？）などと、いろいろ工夫するといいですね。

歌をうたう

基本表現
歌がとっても上手だったわね。　　You sang so well today.

スマート表現
歌がよかったわ。　　I liked your singing.

I like とか、I liked は、子どもたちにとっては理解しやすいので、よろこばれる表現だと思います。先生が好きだというのが、子どもにはいちばんのごほうびなのですね。

ビデオを見る

基本表現
ビデオを見ましょう。　　　　　　　Let's watch a video.

スマート表現
ビデオ見る？　　　　　　　　　　　Ready to watch a video?

今から10年もしたら、ビデオはなくなっているかもしれませんね。DVDはあるでしょうか？

ビデオを見る

基本表現
あまりテレビに近よらないで。　　　Don't sit so close to the TV.

スマート表現
（テレビに）近すぎ！　　　　　　　You're too close!

That's bad for your eyes!（目にわるいでしょう！）、Sit properly now.（ちゃんと座ってよ）、いろいろと注意したくなりますね。

ビデオを見る

基本表現
画面をふさいで見えないよ。　　　　You're blocking our view.

スマート表現
見えない！　　　　　　　　　　　　Can't see!

Can we rewind the tape?（テープをまきもどせる？）、Can we see it again from the beginning?（最初からもういちど、見られる？）など、子どもたちからもいろいろなリクエストがでてきそうですね！

あつまる

基本表現
まっすぐならんで。　　　　　　　**Form a straight line.**

スマート表現
ちゃんとならんで。　　　　　　　**Line up nicely.**

nicely は、日本語の「ちゃんと」になります。「すこしつめてならんで」は Stand closer to each other.「ならんで歩いて」は、Walk in a line. と言います。

あつまる

基本表現
横にならんで。　　　　　　　　　**Please line up sideways.**

スマート表現
横ならびですよ。　　　　　　　　**A sideways line, please.**

ついでに、「なるべくきれいにならんでね」なんて、どう言いますか？ Can you line up nicely? 先ほど「ちゃんとならんで」でもやりましたね。

あつまる

基本表現
男女別にならんでね。　　　　　　**I want boys and girls to form two lines.**

スマート表現
男の子はこちら。女の子はあちら。　**Boys this side. Girls that side.**

this side（こちら）と、that side（あちら）を上手に使うと便利ですね。Walk on this side.（こちら側を歩いて）など、説明しやすくなります。おおいに活用してください。

あつまる

基本表現
男女交互にならんでください。

When you stand, I want boys and girls to alternate.

スマート表現
男、女、男、女、そのように交互にならんでくれるかな？

I want you to line up, boy, girl, boy, girl...in that order, okay?

「交互に」の言い方を、boy, girl, boy, girl としましたが、これをサンプルとして、たとえば、色を交互に使うときも、red, black, red, black のように言えますね。

あつまる

基本表現
ペアをつくってくれますか？

Can you make a pair?

スマート表現
だれかと組んでくれる？

Can you team up with someone?

team up で、「チームを組む」という意味になります。「あなたとチームを組みたいんだけど」と頼むときは、Can I team up with you? と言いましょう。

あつまる

基本表現
3人1組のグループをつくってください。

Can you form a team of three people?

スマート表現
3人で1チームよ。

Three people make a team, okay?

上の team up を使っても言えますね。Team up with two other people to make a group.（あと2人の人たちとグループをつくって）……ちょっと複雑かな？

英語レッスン&サークル編 ❶

あつまる

基本表現
私のまわりにあつまってね。　　　**Please come around me.**

スマート表現
まわりにあつまってね。　　　　　**Get around me now.**

「私のまわりに」は、around me です。それを基本として、Sit around me. (まわりに座って)、Dance around me. (まわりでおどって) などと言えますね。逆に、「自分の席にもどってね」は Go back to your seats now.

あつまる

基本表現
すこし前進してくれますか？　　　**Can you step forward a little?**

スマート表現
すこし前にでてくれる？　　　　　**A few steps forward, okay?**

a few steps は、数歩のことです。横に数歩だと、a few steps sideways になります。ちなみに、「3歩さがってください」は、Step back three steps. となりますよ。

あつまる

基本表現
となりの人と手をつないでください。　　**Please hold hands with someone next to you.**

スマート表現
パートナーと手をつないで。　　　**Hold hands with your partner.**

人とうでを組むのは、link arms と言います。Let's link our arms. (うでを組もうね)

あつまる

基本表現
みんなで輪をつくりましょう。　　**Please make a circle.**

スマート表現
さー、輪になろう。　　**Let's make a circle now.**

どうせ輪をつくるなら、形のいい輪をつくりたいですよね。そのときは、We want to make a nice, perfect circle.（完ぺきにきれいな輪をつくりたい）、このように表現してくださいね。

あつまる

基本表現
向かいあってください。　　**Please face each other.**

スマート表現
向かいあってね。　　**Face each other now.**

「向かいあいながら立つ」と、stand facing each other、「座る」と sit facing each other となります。かんたんですね。

あつまる

基本表現
背筋をのばして立ってね。　　**Please stand up straight.**

スマート表現
さあ、まっすぐ立ってね。　　**Okay. Stand up straight now.**

とにかく「ピンと立つ」のは、stand up straight と言います。考えたら、ボーリングのピンもまっすぐ立っていますね。そこからピンというのかしら……（冗談！）

体操・おどり

基本表現
音楽にあわせておどりましょう。　　Dance along with the music.

スマート表現
音楽にあわせて、おどろうね。　　Dance with the music, alright?

「リズムにのっておどろう」は、Dance with the rhythm of the music. とか、Dance to the beat. のような表現をしますよ。

体操・おどり

基本表現
両手をあげて。　　Raise your hands.

スマート表現
両手をあげて。　　Put your hands up.

Raise your hands. と Put your hands up. まったく同じ意味なのですよ。ですから気にしないで、そのときの気分で使いこなしてください。

体操・おどり

基本表現
私と同じようにしてみてね。　　Try to do the same as I do.

スマート表現
まねをしてくれる？　　Can you follow me?

Follow me. には、「あとについていらっしゃい」という意味のほかに、「私と同じようにして」という意味もあるのですね。

体操・おどり

基本表現
おサルさんみたいに、動けるかな？　　　**Can you move around like a monkey?**

スマート表現
おサルさんみたいになってみて。　　　**Pretend you're a monkey.**

その気になって動くときは、I'm a monkey. とくり返し言いながらやると、いいですよ。やはり、人間は思いこんだら、そのとおりにできる傾向があるようですね。

体操・おどり

基本表現
くるっとまわれる？　　　**Can you turn around?**

スマート表現
まわってみて。　　　**Turn around now.**

Turn round and round. と言って、何回もまわってもらいましょう。「目がまわってふらふらする」は I'm dizzy now. ヘンリーおじさんの歌 "Round and Round"* でもあそべますよ！

*『ヘンリーおじさんのやさしい英語のうた』CD#1に収録（くわしくはp.229）

体操・おどり

基本表現
動かないでね。　　　**Don't move, okay?**

スマート表現
そのままよ。　　　**Hold it.**

Hold it. だと、なにかをしていて、「それ以上動くな」の感じになります。Freeze! と言うと、警察官が犯人にさけぶ「動くな！」になります。子どもは犯人ではないので、これは使えませんね。

体操・おどり

基本表現
時計と同じ方向にまわって。　　**Turn in the direction of the clock.**

スマート表現
時計まわりできる？　　**Can you turn clockwise?**

時計と同じと言っても、わからないかもしれませんね。そのときは、Turn in this direction.（この方向にまわって）と、先導してみる手がありますね。

体操・おどり

基本表現
上を向いて、ねてくれる？　　**Can you lie down facing up?**

スマート表現
ねて。顔は上を向けて。　　**Lie down. Face up.**

looking を使うと、ねる方向を指示するときに便利ですよ。looking down は「うつぶせ」、looking sideways は「横向き」、「あお向け」は looking up となります。

体操・おどり

基本表現
深く息をすいこんで。　　**Breathe deeply.**

スマート表現
息を深くすいこんでね。　　**Take a deep breath now.**

深く息をすいこんで、とめると、ヨガの練習になりますね。Take a deep breath. Hold your breath. And now, exhale slowly.（深く息をすって。とめて。そして、ゆっくりはいてね）

休憩

基本表現
10分の休憩をとりましょう。
We'll have a ten-minute rest now.

スマート表現
みじかい休憩をとりますよ。
We'll have a short break now.

「休憩」を break と書きましたが、日本でも知られている「コーヒーブレーク」は、ここからきています。

休憩

基本表現
ここで、おやつの時間にしますよ。
We will now have our snack time.

スマート表現
おやつの時間よ！
Snack time!

上に break（休憩）がありましたが、スナック（おやつ）を食べるための休憩なら、Let's have a snack break. とも言えますね。ちなみに、夜食は late-night snack と言いますよ。

休憩

基本表現
トイレに行きたい人は？
Who wants to go to the restroom?

スマート表現
今、行かなければならない人？
Who has to go now?

トイレは、toilet, bathroom, powder room, ladies' room, men's room などありますが、いちばんポピュラーなのは、restroom かもしれません。

本を読む

基本表現
これからお話を読んであげますね。
I'm now going to read you a story.

スマート表現
お話の時間よ！
It's story time!

スマート表現の It's story time! ですが、日本語の「お話の時間よ！」と同じで、子どもたちに、これから楽しいことがはじまるわよ！ という気もちをこめて言ってくださいね。

本を読む

基本表現
前にこの本を読んだことがある人？
Who has read this book before?

スマート表現
このお話、もう知ってる？
Know this story already?

スマート表現のような質問形式だと、そのままで答えになりやすいですね。I know this story already.（このお話は、もう知ってます）。これなどもスマートな表現の典型なのです。

本を読む

基本表現
もういちど、読んであげようか？
Do you want me to read this once again?

スマート表現
もう1回、読む？
Read one more time?

「読みかえす」は、read over、「最初からすべてを読みかえす」となると、read all over とか、read all over again と表現しますよ。

ゲーム

基本表現
ジャンケンで決めてもいい？　　　Can we decide by Rock, Paper, Scissors?

スマート表現
ジャンケンをしよう！　　　Let's do Rock, Paper, Scissors!

私は、じゃんけんのグーに stone を使っていましたよ。いろいろバリエーションがあるようです。順番を決めるときには、じゃんけんよりも、コインを投げたり、サイコロをふったり、あとは話しあいで決めることが多いですね。

ゲーム

基本表現
Eenie, Meenie, Miny, Moe をうたって決めようか？　　　Can we decide by singing "Eenie, Meenie, Miny, Moe"?

スマート表現
Eenie, Meenie, Miny, Moe（で決める）？　　　Eenie, Meenie, Miny, Moe?

ヘンリーおじさんの "Which is Better?"* という歌は、日本語の「どちらにしようかな？神様の言うとおり」の英語版です。便利なので、ぜひおぼえてくださいね。

*『ヘンリーおじさんのやさしい英語のうた』CD#2に収録（くわしくはp.229）

ゲーム

基本表現
ズルはいけませんよ。　　　No cheating, please.

スマート表現
ズルはだめよ。　　　Don't cheat, okay?

ズルはだめといっても、ひとりぐらいはいるものですよね。ズルをしているところを見つけたら、I saw that!（見たわよ！）と注意しましょう。

ゲーム

基本表現
用意はいいかな？　　　　　　　　**Are you ready?**

スマート表現
ほらっ、行きますよ……。　　　　**Ready, get set.**

Ready, get set, go! これは、「よーい、ドン」の定番として使われてきましたが、かけっこでなくても、なにかをする前に、かけ声として使えることをおぼえておいてくださいね。

ゲーム

基本表現
だれの番かな？　　　　　　　　　**Whose turn is it?**

スマート表現
今度、だれの番？　　　　　　　　**Whose turn next?**

「私の番！」と、さけぶときは、My turn! でいいですね。

ゲーム

基本表現
次は、あなたの番よ。　　　　　　**Your turn next.**

スマート表現
次、出番よ！　　　　　　　　　　**You're on next!**

You're on! という言い方は、実はテレビやラジオに出演することからきています。「出演中」を on the air と言いますからね。

ゲーム

基本表現
順番を守らなければなりません。　　You have to take turns.

スマート表現
わりこみは、なしよ。　　No cutting, okay?

「わりこむ」は、ほかにも butt in という表現があります。butt は日本語の「オケツ」。ちょっとくだけた言い方ですが、なんとなくイメージがわきませんか？

ゲーム

基本表現
勝った！　　I won!

スマート表現
私の勝ち！　　I win!

勝った負けたは、英語では現在形でも過去形でもいいとされています。つまり勝ち負けがわかればいいのですね。I win. と I won. それと I lose. と I lost. 意味は変わりません。

ゲーム

基本表現
引きわけね。　　It's a draw.

スマート表現
勝負なしね。　　No contest.

It's a tie. という表現もあります。「引きわけゲームね」と言うときは、It's a tie game.

ゲーム

基本表現
もう1回やりたい？　　　　　　**Do you want to try again?**

スマート表現
もう1回？　　　　　　**Try again?**

日本語でも使うことばで、チャレンジというのがあります。Do you want to challenge it again?（もう1回チャレンジする？）でも、いいですね。

ゲーム

基本表現
次のオニさんはだれですか？　　　　　　**Who's "it" next?**

スマート表現
あなたが次のオニさん？　　　　　　**Are you "it" next?**

オニごっこなどのあそびで「オニ」は、it とよんでいる人が多いです。でも、ゲームによっては、the next player（次のプレーヤー）とよんでもいいですね。

ゲーム

基本表現
あなたは失格です。　　　　　　**You're out of the game.**

スマート表現
アウトよ！　　　　　　**You're out!**

アウトというのは、野球からきている表現なのですね。ゲームそのものがおしまい、と説明するときは、That's the end of the game. と言いますよ。

ゲーム

基本表現
これからカードをくばります。
I will now distribute some cards.

スマート表現
カードをくばりますよ。
Passing out some cards now.

ほかに、deal（くばる）ということばもあります。We now deal five cards to each player.（全員に5枚ずつくばります）。だから、カードをくばる人のことは dealer と言うんですよ！

ゲーム

基本表現
カードを切ってください。
Shuffle the cards.

スマート表現
カードをまぜよう。
Mix up the cards.

「よく切ってね」と頼むときは、Shuffle well, alright? と言いましょう。

ゲーム

基本表現
カードをぜんぶ、うらがえしでおいてください。
Put all cards facing down.

スマート表現
すべてうらがえしでいいね。
All cards facing down, alright?

逆に、表向きにならべる場合は、Put all cards facing up. と言いますよ。つまり、face（顔）が上（up）を向いていれば表、下（down）になればうらがえし、ということになります。

ゲーム

基本表現
カードを広げてみましょう。　　**Let's spread the cards.**

スマート表現
カードを広げようね。　　**Spread out the cards, okay?**

spread out も spread も同じ意味ですが、out を使うと、なんとなく広げる雰囲気がでますね。ついでに「束にする」は、stack up the cards と言いますよ。

ゲーム

基本表現
1枚とってくれますか？　　**Can you take one card?**

スマート表現
どれでもとって。　　**Take any card.**

「カードを開けて」というのは、Please open the card. と言います。

ゲーム

基本表現
サイコロをふろうね。　　**Let's throw the dice.**

スマート表現
サイコロをふって。　　**Toss the dice.**

サイコロですが、厳密には、1つなら die（ダイ）、複数で dice（ダイス）と言うことになっています。でも、最近は、1つでも dice で通用するようですよ。

ゲーム

基本表現
コマを3つ進めて。　　　　　　　　**Move three positions.**

スマート表現
3つ前進だね。　　　　　　　　　　**Move forward three.**

ついでに、「1つもどって」は、Move back one position. でもいいですし、Move back one. でも、かんたんでいいですね。「1回休み」は You lose one turn. と言います。

ゲーム

基本表現
なぞなぞ遊びができるわ。　　　　　**We can play with riddles.**

スマート表現
なぞなぞする？　　　　　　　　　　**Want to play riddles?**

「なぞなぞに答えられる？」は、Can you answer this riddle? と言い、question という語を使わなくても大丈夫です。そして、なぞなぞの答えは、answer ですね。

ゲーム

基本表現
買いものごっこをしますか？　　　　**Do you want to play the shopping game?**

スマート表現
買いものごっこする？　　　　　　　**Play the shopping game?**

おままごと遊びは、play house と言います。つまり、家にいるときのまねをする遊びなのですね。パパのまねをして、ねてばかりいるとバカにされますよ！

工作

基本表現
ハサミで紙を切りましょう。　　　**Cut the paper with scissors.**

スマート表現
紙を切ってね。　　　**Cut the paper, alright?**

基本表現では便宜上書きましたが、英語では「切りましょう」と言うだけで、なにを使ってなど、細かい指示はださないのがふつうです。

工作

基本表現
点線にそって切りましょう。　　　**Cut along the dotted line.**

スマート表現
切りとり線が見える？ 切ってみよう。　　　**See the dotted line? Cut here.**

「切りとり線」は dotted line と言いますが、実は、もっとむずかしい表現もあるのです。perforated line（ミシン目）です。1回聞いただけでは、ぜったいにおぼえられませんね!?

工作

基本表現
ハサミのあつかいには気をつけてね。　　　**Please handle your scissors carefully.**

スマート表現
ハサミ、気をつけて。　　　**Be careful with your scissors.**

「気をつけて」は、Watch out! なのでは？ と思った方、道路を歩くときは、Watch out for cars.（車に気をつけて）でいいのですが、ハサミのあつかいでは、Be careful. を使います。

工作

基本表現
のりを使いましょう。　　　　　　　Let's use some glue.

スマート表現
のりでつける？　　　　　　　　　　Stick it on with glue?

「のり」は glue ですが、「接着剤」は adhesive と言います。小学生も、高学年になったら adhesive に進んでもいいですね。

工作

基本表現
のりのキャップをしめるのを忘れないでね。　　　　　　　　　　Don't forget to cap the glue.

スマート表現
のりのキャップ、しめた？　　　　　Did you cap the glue?

日本語でも、のりのふたのことをキャップと言いますね。英語も同じです。ふたをしめることも cap と言いますよ。「指がベトベト！」は、My fingers are sticky! と表現します。

工作

基本表現
ティッシュを使って、きれいにしてね。　　　　　　　　　　　　Use tissue paper to clean up.

スマート表現
ティッシュでふいてね。　　　　　　Wipe it off with a tissue.

---

wipe は「ふく」という意味です。では、wipe off とのちがいは？ 日本語の「ふく」と「ふきとる」のちがいと同じだと思ってください。

英語レッスン&サークル編 ①

工作

基本表現
テープでとめてね。   Hold it down with tape.

スマート表現
テープでとめる？   You want to tape it?

日本ではセロテープと言いますが、これはイギリス製の Sellotape という製品からきているらしいのです。アメリカでは、これも商品名の Scotch tape（スコッチテープ）とよぶのが一般的ですよ。

工作

基本表現
この線で、山折りをしますよ。   We do a mountain fold at this line.

スマート表現
線で山折りね。   Mountain fold at the line, okay?

ついでに、「谷折り」は valley fold と言いますよ。mountain（山）と valley（谷）、そのままですね。Fold nicely!（ちゃんと折ってね！）

工作

基本表現
失敗しちゃったと思う！   I think I made a mistake!

スマート表現
グシャグシャだ！   I messed up!

おもしろい言い方で、I made a boo-boo. なんていうのもあります。boo-boo も「失敗」のことです。

レッスン中

発音・発話

基本表現
私のあとについて言ってみて。　　**Can you repeat after me?**

スマート表現
私のまねをしてくれるかな？　　**Repeat what I say, okay?**

ほかにも、Say what I say.（私の言ったことをくり返して）という表現もありますね。「何回もリピートしてね」は、Repeat again and again. となります。

発音・発話

基本表現
私とそっくりにやって。　　**Can you do exactly like me?**

スマート表現
とにかく、私のまねをしてね。　　**Just copy what I do, okay?**

英語で、他人のことをまねる人のことを copycat と言います。Don't be a copycat!（他人のまねばかりやらないの！）

発音・発話

基本表現
口元を見てよ。　　**Look at my mouth.**

スマート表現
口元を見つめてね。　　**Watch my lips, okay?**

look と watch のちがいは？ look は「見る」ことで、watch はテレビなどを「観賞する・じっくり見る」ことを意味します。「口元」は、mouth でも lips でもいいですね。

発音・発話

基本表現
大きな声がいいわ。　　　　　　　**I like that loud voice.**

スマート表現
大きな声がいいわね。　　　　　　**Nice and loud.**

I want you to talk nice and loud, okay?（大きな声で言ってね）　というようにも言えますね。nice and ○○は、便利な表現ですよ。Say it nice and clear.（はっきり言ってね）

発音・発話

基本表現
さけばなくてもいいのよ。　　　　**You don't need to shout.**

スマート表現
シーッ、さけびっこなしね。　　　**Shh. No shouting, okay?**

shout は「ワーッとさけぶ」という意味です。ふしぎと、日本語でも英語でも、「シーッ」と言うのは共通なのですね。昔からどの国でも、子どもたちはうるさくさわぐので、大人は苦労をしてきたみたいですね。

発音・発話

基本表現
みんなで言ってみましょう。　　　**Let's say it together.**

スマート表現
みんなで言ってみようか？　　　　**Can you say it all together?**

みんなでいっしょに言ったり、うたったりするときに便利な表現です。All together now!（さあ、いっしょに！）というかけ声もいいですね。

発音・発話

基本表現
もういちど、言ってもらえますか？
Can you repeat that again?

スマート表現
もう1回ね。
Once more, okay?

One more time. / Once more. / Say it again. ……いろいろな言い方がありますから、使ってみてくださいね。

発音・発話

基本表現
早口ことばに挑戦してみる？
Do you want to try a tongue-twister?

スマート表現
早口で、あそんでみる？
Want to do a tongue-twister?

スマート表現で、Want to do...? と書きましたが、本当は Do you want to do...? が正しいのです。でも、日常会話では省略して話すこともあるのですね。

発音・発話

基本表現
もうすこし大きな声で話せますか？
Can you talk a bit louder?

スマート表現
すこし大きな声でお願い。
Can you speak up a little?

speak で「話す」、speak up だと、「すこし声をあげて話す」という意味になります。ほかに、speed up（スピードをあげる）も同じような使い方ですね。

発表する

基本表現
みんなのほうを向いて立ってね。
Can you stand facing the class?

スマート表現
みんなのほうを向こうね。
Let's face the class, okay?

人前でスピーチなどをするのはいい練習ですが、それを聞いてよろこんであげることも、大事なのですよ。いいスピーチだったら、Clap your hands!（はくしゅをしましょう！）

発表する

基本表現
すばらしいプレゼンテーションでした。
That was a very good presentation.

スマート表現
ステキなスピーチだったね！
A very good speech!

presentation と speech のちがいは？ 商品などの説明をするのが presentation で、それ以外の人前でのおしゃべりは speech と言います。上手に話すには、幼いころからの練習が必要ですね。

発表する

基本表現
みんなにシェアしてくれてありがとう。
Thank you for sharing it with us.

スマート表現
シェアしてくれて感謝してるわ。
We appreciate your sharing it with us.

「あなたの知識や意見をみんなと共有してくれてありがとう」ということです。考えると、この sharing ということばは、日本語でピッタリの訳がないようですね。「分けあう、分かちあうこと」がいちばん近いのでしょうか。

自己紹介

基本表現
自己紹介させてください。　　**Let me introduce myself.**

スマート表現
まず、自分のことを紹介しますね。　　**I will introduce myself first, okay?**

この表現に関しては、これ以上かんたんなものがありません。子どもにむずかしすぎるようなら、ここを省略して My name is.... とはじめてもいいでしょう。

自己紹介

基本表現
英語では下の名前が先だよ。　　**In English, you have to say your first name, first.**

スマート表現
下の名前が最初だよ。　　**Your first name first, okay?**

氏名の言い方は、日本語と同じで姓が先でもいいのでは、という議論もあります。しかし個人的には、英語式をおぼえてもらうためにも「名前が先」をおすすめします。

自己紹介

基本表現
友だちは、なにが好き？　　**What do your friends like?**

スマート表現
今、はやっているものはなに？　　**What's popular now?**

この質問に答えるには、Bingo is popular at school.（学校ではビンゴがはやっているよ）。もちろん、I am popular, too!（私も人気者よ！）こんなことも言えますよ。

自己紹介

基本表現
好きなスポーツはなんですか？ — What is your favorite sport?

スマート表現
なんのスポーツをするのが好き？ — What sport do you like to play?

Tell me your favorite sport.（いちばん好きなスポーツは？）とも聞けますね。I play all kinds of sports.（スポーツは、なんでもやります）。こんな感じに、得意に返事をしてもいいですね。

自己紹介

基本表現
将来の夢はなんですか？ — What is your dream for the future?

スマート表現
大きくなったらなにになりたい？ — What do you want to be when you grow up?

そして、その夢を語ってもらってください。I wish I could study overseas.（海外で勉強したいです）など、好きなことをどうぞ。夢を見るのはタダですからね！

自己紹介

基本表現
あだ名はあるの？ — Do you have a nickname?

スマート表現
友だちはあなたをなんてよぶの？ — What do your friends call you?

ニックネームとペットネーム（愛称）のちがいを説明します。たとえば、ユウキ君のことを、ユーちゃんとよんだら、ペットネーム。カメレオンと言ったら、ニックネームですよ。

自己紹介

基本表現
ペットを飼ってますか？　　　　　　　Do you have any pets?

スマート表現
ペットの話をしてね。　　　　　　　　Tell me about your pets.

質問への答え方の練習なら、私の CD の収録曲 "Do You Have a Pet?"* がおすすめ。Don't you...? と聞かれても、「答えが no ならいつも no」などと教えてくれます。

*『ヘンリーおじさんのやさしい英語のうた』CD#1に収録（くわしくはp.229）

自己紹介

基本表現
野菜を食べるのは好きです。　　　　　I like to eat vegetables.

スマート表現
野菜は大好き！　　　　　　　　　　　I love vegetables!

「好き」だけなら I like.... で済みますが、「大好き」と表現するときは、I'm crazy about.... とか I love.... を使ってみましょう。love は「人を愛する」だけではないのですね。

自己紹介

基本表現
肉は好きじゃない。　　　　　　　　　I don't like meat.

スマート表現
肉はダメ！　　　　　　　　　　　　　Meat isn't for me!

「とくに好き」なら I especially like....「まあまあ好き」なら I kind of like....「とてもきらい」なら I hate....「あまり好きではない」なら I don't like...very much. と言えますね。

テキスト

基本表現
テキストの5ページを開いてください。
Open the textbook to page 5.

スマート表現
さー、5ページよ。
Page 5 now, okay?

基本表現の to は on でも OK です。「前のページにもどって」は、Please go back to the last page. または、Let's go back to page 4.（4ページにもどろう）でもシンプルでいいですね。

テキスト

基本表現
練習問題は、35ページにのってますよ。
The exercise is on page 35.

スマート表現
35ページに行きましょう。
Turn to page 35.

「ページをめくってください」は、Can you flip the page? もしくは、Please turn the page. どちらも同じ意味です。気分で使いわけてくださいね。

テキスト

基本表現
ちがうページを見ているよ。
You're looking at the wrong page.

スマート表現
ちがうページだよ。
You're on the wrong page.

「まったくちがうページを見てた」は、I was looking at the totally wrong page. と言います。逆に、「そのページで正しいんだよ」は、You're on the right page. と表現します。

テキスト

基本表現
テキストには、なにも書きこまないでね。

Don't write anything in your textbook.

スマート表現
テキストに落書きしないでね。

Don't scribble in your book.

---

messy（メッスィーと発音）で、「きたない」という意味になります。Don't make your book messy.（本をきたなくしないでね）

テキスト

基本表現
本をふせておいてください。

Put your book face-down, please.

スマート表現
本をふせてね。

Your book facing down now.

「ページがわかるようにマークして」、これをシンプルに言うと、Please mark your page. となります。また、ページのはしをちょっと折っておくことを、dog-ear（犬の耳）と言いますよ。

テキスト

基本表現
本をとじて。

Close the book.

スマート表現
本をとじてくれるかな？

Can you close the book now?

テキストは、英語では book と言います。厳密には、textbook ですが、ただの book で済ませてしまいます。「本をしまいましょう」は、どう言いますか？ Put away the book. で OK ですね。

ワーク

基本表現
ミホちゃんは、字がとてもきれいね！

You write very nicely, Miho!

スマート表現
ミホちゃんの書き方、大好きよ！

I like your handwriting, Miho!

このスタイルで、お絵かきのこともほめてみましょう。You draw very nicely!（絵が上手ね！）、I like your drawing!（あなたの絵、大好きよ！）

ワーク

基本表現
もうすこし、きれいに書いてね。

Please try to write a bit more nicely.

スマート表現
もうすこし、きれいに書けると思うけどなあ。

I think you can write a bit more nicely.

a bit more という表現ですが、「もうすこしだけ」というニュアンスです。Can you stand a bit more to the right?（もうすこしだけ、右側に立ってくれますか？）

ワーク

基本表現
消しゴムを使ったら、かすをかたづけてね。

Please clean up after you use your eraser.

スマート表現
消しゴムのかす、ちゅういしてね。

Watch out for eraser dust, okay?

消しゴムのかすは、eraser bits という言い方もありますが、私はホコリと同じ dust を使います。Don't drop the eraser dust on the floor!（消しゴムのかすを、床に落とさないのよ！）

ワーク

基本表現
エンピツはけずってこようね。　　Make sure your pencils are sharpened.

スマート表現
エンピツ、ちゃんとけずってある？　　Your pencils sharpened alright?

「エンピツの先をとがらす」は、Make the tip of the pencil very sharp. です。エンピツの芯（しん）は、lead と言いますが、英語は細かいことを言わないので、「芯が折れた」は My pencil broke. だけで通じますよ。

ワーク

基本表現
どちらが多いかな？　　Which is more?

スマート表現
どちらが多いかな？　　Which has more?

量の多いこと……子どもの世界では、ぜったいに大事なことなのですね。実は、大人になっても、この気もちは基本的には変わってはいません。言わないだけなのです。

ワーク

基本表現
正しい答えをえらべますか？　　Can you choose the correct answer?

スマート表現
正しいのをえらんでね。　　Choose the right answer now.

correct と right、意味は同じですが、correct のほうがむずかしいので、権威を感じるかもしれませんね。でも、両方とも correct なのです。That's right!（そのとおり！）

文字の練習

基本表現
アルファベットのお勉強をしましょう。
Let's study the alphabet.

スマート表現
アルファベット、やる？
You want to do the alphabet?

このスマート表現の聞き方は、相手が答えやすいようになっていますよ。答えは、Yes, I want to do the alphabet. となるわけです。

文字の練習

基本表現
大文字のBを指さしてくれますか？
Can you point at capital B?

スマート表現
大文字のBはどれかな？
Which one is capital B?

大文字は capital letters と言いますが、big letters でも通じますね。小文字は small letters と言いますよ。

文字の練習

基本表現
「モンキー」はどうつづるの？
How do you spell "monkey"?

スマート表現
「モンキー」のスペルわかる？
Can you spell "monkey"?

そして、スペルの説明をするときは、monkey—m, o, n, k, e, y とやればいいのです。スペルは、比較的ゆっくり言うのがコツですよ。

プリント・テスト

基本表現
これからテストをはじめます。
We are going to start our test.

スマート表現
テストをはじめてもいいかな？
Are you ready for the test?

幼稚園児や小学生が対象だと、たいした試験はできませんよね。小テストだったら、quiz（クイズ）とよんでもいいですね。We'll have a short quiz today.（今日は小テストをします）

プリント・テスト

基本表現
1枚とって、あとはまわしてね。
Can you take one and pass the rest?

スマート表現
1枚とる。あとはまわしてね。
You take one and pass the rest, okay?

ついでに、「1枚だけよ。それ以上はだめ！」なんて、どう言いますか？ Just take one. No more, okay? となります。

プリント・テスト

基本表現
全員が1枚とったか、確認ね。
Make sure everyone has a copy.

スマート表現
みんな1枚とったかな？
Everybody has a copy?

日本語では、テスト用紙とかプリントとか使いわけていますが、どれも紙なので、英語では、すべてを copy ということばで間にあわせることができます。

英語レッスン&サークル編 ❶

プリント・テスト

基本表現
全員が準備できるまで、まつのよ。
We'll wait until everybody is ready, alright?

スマート表現
いっしょにスタートしようね。
We'll start all together, okay?

「もうすこしまってね」と言うには、Just a moment, please. とか、Just wait a minute, okay? こんな感じでまってもらいましょう。

プリント・テスト

基本表現
友だちの答えを見てはいけませんよ。
Don't copy your neighbor's answers.

スマート表現
ノゾキはダメ！
No peeping!

Don't peep! とも言えます。peep は、「のぞく」という意味です。ドアについている外を見られるレンズがありますが、あれを peeping hole とか peeping lens と言いますよ。

プリント・テスト

基本表現
はい、テスト終了です。
Okay. The exam is over.

スマート表現
時間です！
Time's up!

Time's up. でも、Time up. でもいいですね。どちらも、「時間がきました」の意味です。「はい、エンピツをおいてください」は、Now, pencils down, please. でいいですね。

レッスン中

プリント・テスト

基本表現
答えをチェックしましょう。　　　　**Let's check your answers.**

スマート表現
採点してみましょう。　　　　　　　**Let's mark your paper now.**

答えがあっていれば correct、まちがっていれば wrong もしくは、incorrect と言います。「ほとんどあっている」おしい答えは、almost correct と言いますよ。

プリント・テスト

基本表現
Aが正しい答えです。　　　　　　　**The correct answer is "A".**

スマート表現
Aが答えよ。　　　　　　　　　　　**"A" is the answer.**

「答えを教えて」は、Tell me the answer. と言いますよ。英語では、答えは「教える」のではなく、ただ「言う」だけのようですね。

プリント・テスト

基本表現
プリントを回収します。　　　　　　**I want to collect your paper now.**

スマート表現
プリント、回収しますよ。　　　　　**Collecting your paper now.**

スマート表現の Collecting... は、I'm collecting... の略です。「だれかあつめてくれる?」と頼むときは、Can someone collect the paper(s)? と言います。paper でも papers でも OK ですよ。

宿題

基本表現
これは宿題ですよ。 — **This is going to be your homework.**

スマート表現
宿題ですよ。 — **This is your homework.**

宿題は、家でやるから homework と言います。ちなみに、家事は housework ですよ。まちがえないように!? そして、Don't forget your homework.（宿題忘れないでね）

宿題

基本表現
家でも楽しんでやってね。 — **Enjoy your work at home also.**

スマート表現
お家でも楽しんできてね。 — **Have fun at home, too.**

Do your homework.（宿題をやってきなさい）と命令するよりも、このほうが、子どももやる気をだしてくれますよ。「宿題、がんばってね」は、Good luck with your homework.

宿題

基本表現
家で残りをやってね。 — **You can finish this at home.**

スマート表現
家で完成させてね。 — **Finish this off at home, okay?**

---

finish と finish off、このちがいは？ Finish your work.（仕事を済ませなさい）と Finish off your work.（仕事を済ませてしまいなさい）。微妙ですが、ニュアンスのちがいがわかりますよね？

またきてね！ レッスンのおわり

かたづける

基本表現
部屋にゴミが多いわね。　　　**There's a lot of trash in the room.**

スマート表現
ちらかっているわね。　　　**It's messy here.**

messy には、だらしがないという意味もあります。What a mess!（わー、どうしちゃったの!?　ぐちゃぐちゃ、ばっちー！）などの感じで使いますよ。

かたづける

基本表現
つみ木をかたづけてください。　　　**Clean up the wooden blocks, please.**

スマート表現
つみ木をしまってね。　　　**Put away the blocks, alright?**

おかたづけの基本は、clean up ですよ。オモチャを clean up、机を clean up、お部屋を clean up、もちろん、家中の大そうじも、clean up the house でかたづきます。

かたづける

基本表現
机の上をかたづけてね。　　　**Can you clear your desktop?**

スマート表現
机の上には、なにもなしね。　　　**Nothing on the desktop, okay?**

Clean up your desk. と言うと、ひきだしなど、中をふくめて、机全体をかたづけるという意味になります。

レッスンおわり

基本表現
ほとんどおしまいです。　　　　**We're almost finished.**

スマート表現
もうじきおわるからね。　　　　**We're almost done now.**

Are you finished?（おわりましたか？）、Are you done?（おわった？）こういった質問にも、上の表現で立派に答えることができますね。

レッスンおわり

基本表現
レッスンは、これでおしまい。　　**Lesson's now finished.**

スマート表現
今日は、これでおしまいね。　　　**That's all for today.**

Lesson's finished! とさけぶこともできますね。でもこれは、先生よりも子どもたちが言うセリフでしょう。

レッスンおわり

基本表現
今日は、よく勉強したね。　　　　**You really studied hard today.**

スマート表現
今日は、がんばったね。　　　　　**You worked hard today.**

レッスンでやったことを勉強とよぶことには、抵抗を感じます。厳密には、お遊びを通して学んでいるからですね。そこで、スマート表現では、worked hard（がんばって仕事をした）を紹介しましたよ。

レッスンおわり

基本表現
楽しい時間だった？　　　　　　**Did you have a great time?**

スマート表現
楽しかった？　　　　　　　　　**Did you enjoy yourself?**

このような質問には、I had a wonderful time.（すばらしい時間でした）とか、I really enjoyed myself!（本当に、楽しかった！）と答えられますよ。

レッスンおわり

基本表現
なにがいちばん楽しかった？　　**What did you enjoy the most?**

スマート表現
なにがよかった？　　　　　　　**What did you like?**

---

enjoy（楽しむ）ということばも使えますが、幼い子どもたちの共通語は like ですね。子どもたちからのフィードバックが、次のクラスをより楽しいものに育てていってくれるのです。

レッスンおわり

基本表現
タカシ君、名ふだをあつめてくれる？　　**Takashi, can you collect the name tags?**

スマート表現
タカシ君、ふだをあつめて。　　**Takashi, collect the tags?**

Collect the tags, Takashi. と命令形で言うこともできますね。Come on, Takashi. Tags, please.（さあ、タカシ君。ふだをお願いね）。こんな感じでもいいですね。

レッスンおわり

基本表現
これを家にもち帰ってください。 | Can you take this home?

スマート表現
これ、ママにわたしてね。 | Give this to your mommy, okay?

ママにわたしてと頼むときに、「忘れないでよ」なんて言いますよね。Don't forget now. これが、かんたんでいいでしょう。

レッスンおわり

基本表現
忘れもの、しないでね。 | Don't forget anything.

スマート表現
忘れものはないようにね。 | Don't forget your belongings.

忘れものをすると、忘れものが届けられる場所に行って調べますね。英語では、そういうところを Lost and Found と言います。訳すと、「失くして、見つけた」となります。

レッスンおわり

基本表現
ママはむかえにきているかな？ | Is your mother here to pick you up?

スマート表現
だれがむかえにくるのかな？ | Who's here to pick you up?

子どもが幼児だと、むかえの大人がいないと、帰らせることができませんからね。こういう表現も必要なのではないでしょうか？ Is your mom here?（ママ、きてる？）もシンプルでいいですね。

レッスンおわり

基本表現
今日のレッスンのことを、ママに話してね。
Tell your mommy about today's class, alright?

スマート表現
今日のこと、ママに話してね？
Talk to your mom about today, okay?

その日の出来事を、ママやパパにお話しする。これは、子どもにとって、大事なことなのです。そして、その話を根気よく聞いてあげるように、保護者の方にもお願いしておきましょう。

レッスンおわり

基本表現
まっすぐ帰るのよ。
Go straight home.

スマート表現
より道しちゃだめよ。
Don't stop by anywhere, okay?

逆に、「帰りに薬屋さんによって」など、どう言えばいいですか？ Stop by the drugstore on the way back. となります。

レッスンおわり

基本表現
次のクラスであいましょう！
See you next class!

スマート表現
また、次回ね！
See you next time!

See you on Monday! と具体的に曜日を入れると、曜日の名前もよくおぼえられますね。週末にあいさつをするときは、Have a nice weekend!（いい週末を！）とつけくわえるのが一般的です。

1年をしめくくる

基本表現
すばらしい生徒でしたよ！　　**You were a great student!**

スマート表現
すばらしかったよ！　　**You were great!**

How did I do?（どうだった？）と聞かれたら、You were great!（すばらしかったよ！）と言ってあげましょう。これは、いろいろなシチュエーションで使えそうですね。

1年をしめくくる

基本表現
来年もがんばって。　　**Good luck in your new school year.**

スマート表現
来年もがんばってね。　　**Good luck next year, too.**

Good luck!（幸運を祈る！）なんて意味もありますが、これで日本語の「がんばって」と同じような使い方ができるのですね。

1年をしめくくる

基本表現
1年間がんばったね。　　**You did well this school year.**

スマート表現
1年間、ごくろうさま！　　**Good work this past year!**

You worked very hard this past year.（1年間がんばったね）とも言えますね。work hard は、「一生懸命に仕事をする」とか、「よく勉強する」という意味です。おぼえておくと便利ですよ。

1年をしめくくる

基本表現
いいクラスだったよ！ 　　　　　You were great students!

スマート表現
いいクラスだったよ！ 　　　　　I'm proud of this class!

卒業する年をクラス名にして、The Class of 2005 のようによぶことがよくあります。party のときにも、使えますね。Sayonara Party for The Class of 2005!

1年をしめくくる

基本表現
この1年をどう思いますか？ 　　What do you think about your past school year?

スマート表現
この1年はどうだった？ 　　　　How was your school year?

How did you like your past school year?（この1年はどうだった？）とも聞けますね。How did you like...? は便利な表現です。How did you like my cake?（私のケーキ、どうだった？）

1年をしめくくる

基本表現
ここで「さよなら」をしましょう。 　　　　　　　　　　　Let's say, "Sayonara" here.

スマート表現
「バイバイ」のときがきたね！ 　Time to say, "Bye-bye"!

日本語に外来語があるように、英語にも外国語がたくさん入りこんでいます。sayonara も、野球の A sayonara homerun!（さよならホームラン！）のように、よく使われていますよ。

こんなにあります。「さようなら」の表現

Goodbye!	さようなら！
See you!	またね！
So long!	またね！
Take care!	元気でね！
I'll be seeing you.	またあいましょう
See you again.	またあおうね
Bye-bye!	バイバイ！（ババーイとも発音する）
Bye!	バーイ！（じゃーね）
Be good!	いい子でいてね！
Have a nice day!	今日も1日、元気でね！
Have a nice weekend!	よい週末を（すごしてね）！
Good day!	ごきげんよう！
Stay well.	元気でいてね
See you tomorrow.	また明日ね
See you next week.	また来週
See you on Monday.	月曜日にね
See you soon.	近くあいましょう
Bye for now.	じゃー、またね

「さようなら」は、私が日本語でいちばん好きなことばでもあります。どことなく響きがいいのです。人間どうしのおつきあいは、出あいと別れのくり返しです。別れは、またあう日のための準備でもあるのです。ニュアンスを大事にしながら、いろいろな表現を使いわけてみてくださいね。

ふだんとちがう、教室のイベント

ハロウィーン

基本表現
なにを着たらいいと思う？　　　**What should I wear?**

スマート表現
コスチュームだけど、アイデアない？　　　**My costume. Any ideas?**

ハロウィーンのコスチュームの話ですよ。Halloween costume と、これは日本語と同じなのでかんたんですね。外国でやるなら、和服でまにあっちゃうかな？

ハロウィーン

基本表現
なにになることにしたの？　　　**What did you decide to be?**

スマート表現
なにになったの？　　　**What are you?**

「わー、かわいい！ ステキ！」という意味で、Look at you! とか、Look at that! とおどろいて、ほめることができますよ。

ハロウィーン

基本表現
私、とてもこわい！　　　**I'm so scared!**

スマート表現
こわくて、泣きそう！　　　**So scared I could cry!**

個人的には、日本の幽霊のほうがこわいと思います。さて、I could cry! の could は、泣くことが「できる」という意味ではなく、「泣けそう」のニュアンスなのですよ。わかりますか？

教室イベント

英語レッスン&サークル編 ①

ハロウィーン

基本表現
ジャコランタンをつくろう。　　Let's make a jack-o'-lantern.

スマート表現
ジャコランタンをつくるよ！　　Making a jack-o'-lantern now!

a huge pumpkin（巨大なカボチャ）を用意して、cut out the inside（中をくりぬく）と、作業を説明してください。

ハロウィーン

基本表現
Trick or Treat と言って、おかしをもらおう。　　Say, "Trick or Treat" and get some sweets.

スマート表現
Trick or Treat と言おう！　　Let's say, "Trick or Treat"!

Trick or Treat の意味は？ Trick は、トリックですね。つまりおどかす動作です。それがイヤだったら、おごって！の意味で、Treat (me). と言っているわけですね。

ハロウィーン

基本表現
だれのコスチュームがいちばんよかった？　　Whose costume was the best?

スマート表現
コスチュームの優勝者をえらんで。　　Can you pick the winner in costumes?

You're the winner!（あなたが優勝！）とえらんでもいいですね。当然ながら、複数の子どもたちをえらんで、その中から、the grand champion をえらぶのが最高でしょう。

教室イベント

131

クリスマス

基本表現
クリスマスカードは書くの？ — **Do you write Christmas cards?**

スマート表現
クリスマスカードだすの？ — **Sending Christmas cards?**

世界には、クリスマスをお祝いしない人たちがいるので、カードをだすときは注意してください。そのような人たちには、Happy Holidays! というカードをだしましょう。

クリスマス

基本表現
おばあちゃんにカードを書いています。 — **I'm writing a card to Grandma.**

スマート表現
おばあちゃんに書いてるんだ！ — **I'm writing to Grandma!**

Who are you writing to?（だれに書いてるの？）これが、聞くときの基本ですね。ついでに、Who do you want to write to?（だれに書きたい？）も便利ですね。

クリスマス

基本表現
サンタさんから、なにがほしい？ — **What do you want from Santa Claus?**

スマート表現
サンタさんに、なにを頼んだの？ — **What did you ask Santa?**

「願いごとをする」は、make a wish と言います。Did you make a wish?（願いごとはしたの？）のように聞きます。サンタクロースは、日本語と同じで Santa だけでも通じますよ。

クリスマス

基本表現
この1年、いい子でしたか？ — Were you a good boy/girl this past year?

スマート表現
いい子だった、この1年？ — Good boy/girl this past year?

1月から12月のおわりごろまでよい子だったら、クリスマスには好きなプレゼントがもらえる……すばらしいアイデアですね。パパやママのボーナス支給より夢がありますね。

クリスマス

基本表現
ツリーにかざりつけをしましょう。 — Let's decorate the Christmas tree.

スマート表現
ツリーにかざりつけをするよ！ — Decorating the Christmas tree now!

「かざりつける」は、ケーキと同じで、デコレーションの動詞形 decorate を使います。同じデコレーションでも、食べられたり、食べられなかったりで、おもしろいですね。

クリスマス

基本表現
クリスマスキャロルをうたおう。 — Let's sing Christmas carols.

スマート表現
クリスマスの歌をうたうよ。 — We'll sing Christmas songs, alright?

Christmas carols は、どちらかというと賛美歌に近い歌のことを言います。赤い鼻のトナカイの歌などは、Christmas songs と言いますよ。

クリスマス

基本表現
ユキちゃんに、クリスマスプレゼントよ。
Here's a (Christmas) present for you, Yuki.

スマート表現
これは、ユキちゃんにね！
This is for you, Yuki!

クリスマスの時期にあげるので、わざわざクリスマスプレゼントと言わなくても、ただのプレゼントで意味が通じますね。英語では、余計なことは言わないのです。

クリスマス

基本表現
楽しいクリスマスになりますように！
Wishing you a Merry Christmas!

スマート表現
メリークリスマス！
Merry Christmas to you!

メリーじゃなくても、ハッピーでもいいのですよ。ご存じでしたか？ Happy Christmas! でも問題ありません。

クリスマス

基本表現
クリスマスパーティーの準備をしよう！
Let's prepare for the Christmas party!

スマート表現
パーティーの準備、いいわね？
Get ready for the party, alright?

「パーティーで食べたいものは？」は What do you want to eat at the party? と言います。Any special food you'd like at the party?（パーティーで食べたい料理は？）と聞いてみるのもいいですね。

授業参観

基本表現
今日は、ご両親がクラスにきますよ。
Your parents are coming to the class today.

スマート表現
今日は、ママとパパが見にくるよ！
Your mom and dad are coming today!

父母の方が、「見学してもいいですか？」と聞くのには、Can we stay and watch? がシンプルでいいですね。

授業参観

基本表現
ママとパパがいて、うれしい？
Are you happy your mom and dad are here?

スマート表現
ママとパパがいて、うれしいね！
Happy that Mom and Dad are here?

子どもにとって、親が見にくることは大事件なのですね。Are you nervous?（緊張する？）なんて聞くとかえって緊張するので、注意してください。

授業参観

基本表現
ママとパパに、なにをやっているか説明してください。
Please explain to Mom and Dad what we are doing.

スマート表現
なにをやってるか、説明してね。
Explain what we are doing, okay?

親のところに行って、説明することは、子どもたちに安心感をあたえるし、父母もよろこぶし、大事なことです（先生も人気商売ですからね！）

公開！プリスクールで使われている英語表現

取材協力＝アメリカンインターナショナル　ブレインズ・キディクラブ鶴見校

プリスクール（英語で就学前保育を行うスクール）のレッスンでは、どのような英語表現が使われているのでしょうか？　神奈川県横浜市にあるプリスクールのレッスンを、編集部が見学しました。歌やゲーム、体育、工作など、もりだくさんのプログラムで、子どもたちは "No Japanese" の時間をすごします。

● とぎれのない語りかけで、子どもをひきつける

レッスンの間にすこしでも空白の時間ができると、子どもたちの興味は、たちまち四方八方に散ってしまいます。先生は、どんなにみじかい時間でも、語りかけをおこたりません。たとえば、CDを聞くときには、We are going to listen to the chants.（これからチャンツを聞きますよ）、CDを別のものにかえるときにも、Please wait just a moment.（ちょっとまってね）と、子どもたちの集中がとぎれないように話しかけます。

その結果、アクティビティは流れるように続き、子どもたちを飽きさせません。また、子どもたちに順番に話しかける場面では、ひとりひとりに、まず、Now, it's your turn.（あなたの番よ♪）とメロディーにのせて声をかけます。このことばが合図になって、話しかけられた子もは、先生の言うことに一生懸命耳をかたむけるのです。

● 子どもたちの発言

レッスン中、子どもたちから、Me, too!（ぼく／私も！）という発言が何度も飛びだしました。先生が、I like....と説明をしたときに、Me, too!（ぼく／私も好き！）。ほかの子

をほめたときにも、Me, too!（ぼく／私もほめて！）。子どもたちは、おしゃべりが大好きです。I did it!（できた！）、Look, look, look!（見て、見て、見て！）と、教室はおおさわぎ。先生が、Who wants to help me?（だれか手伝ってくれる？）とたずねれば、子どもたちからは、I do!（ぼく／私が！）の嵐。元気いっぱいのレッスンは続きます。

● high five で子どもをほめる

子どもをほめることは、とても重要です。Good job, Yuri!（ユリちゃん、よくできたね！）What a great job you have done!（なんてすごいんでしょう！）、先生は、子どものちょっとした努力や挑戦する態度を見おとさず、ほめてあげます。このスクールでは、「よくできたね！」の合図に、先生が向けた手のひらに、子どもがパチッと手のひらをあてる high five*（*five=手の5本の指の数）とよばれる動作をとりいれています。先生は、子どもが質問に答えられたときなどに、Give me a high five!（手を高くあげてパチッとしてね！）と言って、子どもと手のひらを打ちあわせます。子どもたちの顔は笑顔でいっぱいです。

●「ごめんなさい」「ありがとう」を言わせる

一方で、子どもがルールを守らなかったり、いけないことをしてしまった場合、先生はすぐに注意します。What do you say when you did something not OK?（よくないことをしたときは、なんて言うんだっけ？）とたずねて、子どものほうから I'm sorry.（ごめんなさい）と言うように誘導します。What do you say?（そういうときはどう言うんだっけ？）は、たとえば、子どもがなにかをもらって、お礼を言わないようなときにも使えます。子どもは、はっとして、Thank you!（ありがとう！）と笑顔で言ってくれるでしょう。

● Gym time（体育の時間）

思いきり体を動かせる、子どもたちが大好きな、体育の時間。Can you shake your pompoms? Up, down, out, in!（ポンポンをふってみよう。あげて、さげて、外側にだして、内側に入れて！）と、先生の

元気いっぱいの指示に、子どもたちが続きます。また、教室を歩きまわるだけの動作も、Walk slowly.（ゆっくり歩こう）、Walk quickly!（はや足で！）、Walk sadly.（かなしく歩こう）……という指示で、立派なアクティビティに。子どもたちは、先生の動きをまねながら、英語の指示を自然に理解していきます。

● **遊び感覚で身につける**

先生は、いろいろな状況をつくって、子どもたちに質問します。たとえば、絵やカードをわざと向きをおかしくして見せると、子どもたちからは、「向きが変！」という指摘が入ります。What's wrong?（どこがおかしいの？）という先生の質問に、さかさまだったら、Upside down!、横向きだったら、Sideways!、うらがえしだったら、Backwards! と、子どもたちは大きな声で、先生に教えてあげます。先生は、絵を動かすたびに、Is this OK?（これでいい？）とたずね、そのたびに、子どもたちからは、No!（ちがう！）という声と笑いが広がります。このように、子どもたちは遊び感覚で、実生活でも役立つ表現を身につけていくのです。

英語レッスン&サークル編 ①

④ 「親子英語サークル」で使える英語表現
先生からママ・パパにお願い！

先生→ママ・パパ

基本表現
お母さんたち、お子さんをあつめてください。
Mothers, could you gather your children?

スマート表現
みんなここに、いいですか？
Everybody here, alright?

全員であつまることを assemble と言います。Please assemble here.（ここにあつまってください）。スマート表現は、assemble を省略した言い方なのですね。

先生→ママ・パパ

基本表現
お子さんをヒザの上においていただけますか？
Can you place your child on your lap?

スマート表現
子どもたちはママのヒザの上ですよ。
Children on Mom's lap, please.

「動きまわらないように、おさえてください」とお願いするときは、Can you hold him/her? これはかんたんですね。

先生→ママ・パパ

基本表現
注意事項を聞いてください。
Please listen to these instructions.

スマート表現
ルールを聞いていただけますか？
Can you listen to these rules?

注意事項は rules（ルール）でいいですね。ほかにも、important points（大事な点）などとも表現できますよ。

先生→ママ・パパ

基本表現
だれもケガをしないように注意しましょう。
Please make sure nobody is hurt.

スマート表現
安全第一ですよ！
Safety first, okay?

物をこわすのもこまりますが、乱暴をして子どもがケガをするのは、もっとこまります。子どもに注意するときは、Please don't be rough!（乱暴はしないで！）なんて言いますよ。

先生→ママ・パパ

基本表現
ママが楽しむことが大事です。
It's important that mothers have fun.

スマート表現
ママが楽しむと、子どもも楽しみますよ。
If moms have fun, kids will have fun, too.

have fun とほとんど同じ意味で、have a good time があります。楽しいひとときをすごすということですね。Have a good time.（楽しんでください）と、あいさつにも使えますね。

先生→ママ・パパ

基本表現
出席の返事を、ヒロちゃんのママが言ってもいいですよ。
Hiro's mother can answer the roll call.

スマート表現
ヒロちゃんのママが「ハイ」でもいいですよ。
Hiro's mom can say, "Here!"

お母さんの名前なんて、わかりませんよね。ですから、「だれだれのママ」というよび方があります。Hiro's mother、Sakura's mom などですね。

先生→ママ・パパ

基本表現
みなさんも英語でなにか言ってください。
Can you say something in English, too?

スマート表現
みなさんも発言してもらえますか？
Can you speak up also?

英語を話すことをはずかしがるお母さんやお父さんたちには、Don't worry about pronunciation.（発音など気にしないでいいですよ）などと言って、緊張をほぐしてあげるようにしましょう。

先生→ママ・パパ

基本表現
おすすめの本のお話をします。
Let me recommend a book.

スマート表現
この本はすばらしい！
This is a great book!

なぜ、その本がおすすめなのかを説明するときは、I like this book, because....　これがいちばんシンプルでいいですね。なにごともシンプルがベストなのです。

先生→ママ・パパ

基本表現
今日やったことを、家でもやってくださいね。
Can you review what we did today at home also?

スマート表現
家でもやってみてくださいね。
Do this at home also, okay?

もうすこし具体的に言ったほうが、わかりやすいかもしれませんね。たとえば、Sing this song at home also.（家でもこの歌をうたってくださいね）

ママ・パパから先生にお願い！

ママ・パパ→先生

基本表現
息子／娘はクラスを楽しんでいます。
My son/daughter enjoys his/her class.

スマート表現
息子／娘はクラスが大好きなんです。
My son/daughter loves his/her class.

日本語ではサークルという表現がありますが、英語ではただ、class と言いますよ。

ママ・パパ→先生

基本表現
うちの子は、歌よりお絵かきが好きです。
My son/daughter likes drawing more than singing.

スマート表現
お絵かきと歌、うちの子はお絵かきのほうが好きです。
Drawing and singing—my son/daughter likes drawing better.

日本語には「うちの子」という便利な表現がありますね。これなら、息子でも娘でも使えますから。英語でも、my child と言えますが、my son、my daughter のほうがポピュラーです。

ママ・パパ→先生

基本表現
読み書きも教えてください。
Please teach reading and writing also.

スマート表現
読み書きも教えていただけますか？
Can you teach reading and writing also?

英語ではふつう、reading and writing と言い、writing and reading とは言いません。考えると、日本語でも、「書き読み」とは言わないでしょう？

ママ・パパ→先生

基本表現
英語の勉強のため、家ではなにをすればいいですか？

What must we do to study English at home?

スマート表現
家でできること、ありますか？

Anything we can do at home?

ついでに、「なにかアドバイスはありますか？」と、聞きましょう。Do you have any advice?、Do you have any suggestions? と聞いてもいいですね。

ママ・パパ→先生

基本表現
うちの子は、本の読み聞かせのとき、集中力が足りません。

My child lacks concentration when I read him/her a book.

スマート表現
うちの子は、本を読み聞かせても聞いてくれません。

My child does not listen when I read to him/her.

集中は、concentration と言います。むずかしい単語ですね。集中してカードをおぼえるゲームがありますね。そうです。「神経衰弱」は、英語で concentration と言いますよ。

ママ・パパ→先生

基本表現
うちの子が、努力をしてくれないときは、どうすればいいですか？

What can I do when my child won't try?

スマート表現
うちの子が動かないとき、どうすればいい？

What can I do if my child won't move?

「努力をしてくれますか？」と頼むときは、Won't you try? でいいですよ。ついでに、「ためすだけでいいからやってみて」だと、Won't you at least try? となります。

ママ・パパ→先生

基本表現
先生のレッスンはとても勉強になりました。
Your lesson was very educational.

スマート表現
すばらしいレッスンでした！
Very nice lesson!

「いろいろとインスピレーションがうかぶような内容でした」、これを言うなら、very inspirational と表現できます。ちょっとむずかしいですけどね。

ママ・パパ→先生

基本表現
すみません。うちの子は理解してないようです。
Sorry. I don't think my child understands.

スマート表現
すみません。うちの子、わかってない感じです。
Sorry. I don't think he/she follows.

スマート表現の follow は、follow the lesson の意味で、日本語では「レッスンについていく」ということです。

ママ・パパ→先生

基本表現
うちの子、今日のゲーム楽しんでました！
I think he/she was enjoying today's game!

スマート表現
うちの子は、ゲームに夢中でした！
He/she was thrilled with the game!

thrill は、日本語でも「スリル満点」のように使われますが、「ぞくぞくするほど興奮して夢中になる」という意味もあることを、おぼえてくださいね。

ママ・パパもいっしょだよ！ 先生から子どもへ

先生→子ども

基本表現
ママといっしょにできるかな？ **Do you think you can do it together with Mommy?**

スマート表現
ママといっしょにできる？ **Do together with Mom?**

Mommy と Mom（イギリスでは Mummy や Mum とも言う）、いずれも同じ意味です。幼いころは Mommy で、小学校の高学年か、中学生ぐらいから、Mom に変化するのが一般的です。

先生→子ども

基本表現
ママをぎゅっとだきしめて！ **Hold your mommy tight!**

スマート表現
ママをぎゅっとだきしめて！ **Give your mommy a big hug!**

子どもが首にだきついて、はなれないとどうなりますか？ clinging on like a baby chimpanzee、そうです、「チンパンジーの赤ちゃんみたいにぶらさがる」ことになります。

先生→子ども

基本表現
上手で、ママもおどろいているね！ **You really impressed your mommy!**

スマート表現
ママは、「すごい！」って言ってるよ。 **I know Mom is saying, "Wow!"**

ママより上手だったねと、親子で競争するような言い方には注意してください。相手に勝つのではなく、上手だとおどろいてもらうほうが、子どもには大事なことなのです。

先生→子ども

基本表現
ママをよろこばせようか？

Do you want to make your mommy happy?

スマート表現
ママをよろこばそうね。

Make Mommy happy, okay?

いっしょにやらない子どもに対してのコメントは、「ママ、悲しそうだね」よりも、上記のプラス思考のほうが向いていると思います。

先生→子ども

基本表現
お母さんにもっていってくれますか？

Can you take this to your mother?

スマート表現
ママにもっていこうね。

Take this to your mommy, alright?

ついでに、「さー、いそいで！」は、Come on. Hurry! なんて、いかがですか？ Hurry!、Hurry up!、それに On the double!（いそいで！）もありますよ。

先生→子ども

基本表現
約束をまもれる子、手をあげて！

Who can keep a promise? Raise your hand!

スマート表現
約束まもれる？ イエス？

Can you keep a promise? Yes?

質問で、Yes? とか、No? と聞くのはいいですね。シンプルな会話では、質問が答えとにているか、同じなのが理想です。Happy?（うれしい？）、Hot?（暑い？）などもそうですね。

英語サークルでは「大人数」「親子で参加」がポイント

森山香織（英語子育てサークル K-kidz ほか主宰）

私が主宰する英語サークルは、おもに未就園児や、幼稚園児を対象としています。英語教室とちがう点は、「親子」で参加してもらうようにしていることです。親も、子どもといっしょに英語であそぶこと。これは、サークルタイムがおわって、家に帰ってからも、親子で英語の時間をもってもらうために大切なことだと思っています。

生徒の数が数人、という英語教室とはちがい、サークルには、20組もの親子が集合することもあります。40人が一堂に会する、大きな部屋の中で気をつけるのは、「わかりやすい英語」を使うこと。みんなに聞こえる声で、発音に気をつけながら、理解しやすい英語を使うわけですから、複雑な言いまわしよりも、簡潔なもののほうがベターですよね。たとえば、カードを見せるときも、I'm going to show you some cards. よりも、Look! と、できるだけシンプルな表現を使い、子どもたちの注意をそらさないようにしています。

親子で参加しているということは、必然的にママ向けの発言も多くなります。女はおしゃべりな生き物です（笑）。子どもよりも私語、雑談に花をさかせているママたちが多いので、ときどき、子どもたちに向かってSay, "Be quiet" to your moms, please! なんて言うことも。子どもに言われる前に気がついてくださる方ばかりなので、救われておりますが！

また、ほめことばはたくさん入れるように心がけています。You did a good job!、Very good!、I'm proud of you! といったフレーズも、お子さんに対して言ってみてくださいね、とママたちに伝え、その場で使ってもらいます。親子の愛情表現の大切さも、活動を通して伝えていきたいと思っています。また、本書で紹介しているサークルタイムで使うフレーズのほかに、家でも使える表現をもっと知りたい、というママたちには、『ヘンリーおじさんの英語で子育てができる本』（アルク刊）をおすすめして、付属のCDをたくさん聞いてもらうようにお願いしています。

小学校で使える英語表現編

「小学校ならでは」のシチュエーションで使う英語表現を紹介します。バイリンガルのヘンリーおじさんだから、日本の小学校ならでは……のことでも、スマートな英語表現を教えてくれます。地域のボランティアや ALT* など、小学校にネイティブの先生やお客様が訪問することも増えてきました。先生にとっても、子どもたちにとっても、日ごろ学んでいる英語が通じると、本当にうれしくて、はげみになりますね！

*Assistant Language Teacher（外国語指導助手）

① 教室に、英語がやってきた！
毎日の学校生活

学校生活

基本表現
お昼ごはん、おいしかった！　　Lunch was delicious!

スマート表現
本当においしかった！　　That was very good!

日本語の「ごちそうさま」は、英語にはありません。ごはんのあとは、「おいしかった！」と言ってもらいましょう。Was it good?（おいしかった？）と聞いてもいいですね。

学校生活

基本表現
ぞうきんでふいてください。　　Can you clean up with a rag?

スマート表現
ぞうきんを使うといいよ。　　You can use a rag.

ぬれたものはぞうきんでふいて、床に落としたものは、ほうきでおそうじです。「ほうきでおそうじしてね」は、Sweep with a broom. と言いますよ。

学校生活

基本表現
体操着に着がえてください。

Can you change into gym clothes?

スマート表現
体操着に着がえる時間だよ！

Time to change into gym clothes now!

体操着は、gym clothes でも、P.E. clothes（体育の時間用の服）でもいいですね。

学校生活

基本表現
黒板を消してください。

Erase the blackboard, please.

スマート表現
黒板きれいかな？

Is the blackboard all erased?

黒板のほかに、ホワイトボードなどもありますが、どちらも board で通じますね。
Let's write on the board.（ボードに書こう）

学校生活

基本表現
もちものをカバンに入れてね。

Put your things in your school bag.

スマート表現
カバンにぜんぶ入れてね。

Everything in your bag, okay?

英語では、ランドセルとは言いません。school bag ですから、どんなカバンでもいいのですね。基本表現にでてきた、もちもの（your things）は、your stuff とも言いますよ。

学校生活

基本表現
ろうかでは走らないで。

Please don't run in the hallway.

スマート表現
走らないでね。

No running, please.

左側通行などと規則を決めている場合は、Please walk on your left. で、右側通行なら、Please walk on your right. となります。

学校生活

基本表現
ハンカチはもっていますか？

Do you have your handkerchief?

スマート表現
ハンカチはどこ？

Where's your handkerchief?

幼いころからハンカチをもつ習慣をつけてください。大人になってから、もたない人になってしまうからです。おわかれの涙を白いハンカチで……こんな場面を演出するには、今から準備が必要です。

学校生活

基本表現
つめはきちんと切ってありますか？

Make sure your nails are nicely trimmed.

スマート表現
長いつめはいやよ！

We don't want long nails!

きたないつめのことは dirty nails と言います。かんたんですね。

日本とちがう？ アメリカの小学校

ヘンリーおじさん

日本の小学校にはあって、アメリカにはないもの、その逆もありますね。リストアップしてみます。意外に思われるものもあるかもしれませんよ。

1. 日本では歩いて通学するのが一般的ですが、アメリカでは親が車で送りむかえするか、スクールバスを使うことが多いようですね。家が遠いから、というだけではなく、ひとつには防犯の目的もあるようですね。

2. アメリカの小学校には、入学式、始業式、終業式はありません。卒業式だけです。ですから、小学1年生の初日から授業がはじまり、宿題がでます！

3. 授業のはじまりに、日直さんや学級委員がかける「起立、礼！」は、アメリカにはありません。Good morning, Ms. Brown. のようなあいさつだけです。

4. 日本の小学校では、担任の先生が国語や理科など、ほとんどの教科をひとりで教えるのが一般的ですが、アメリカでは、教科別にちがう先生が教えることのほうがポピュラーなようですね。そうでないと先生も休憩がとりにくい、という計算もあるようです。

5. アメリカの子どもたちのお昼ごはんは、家からもってきたり、学校の食堂（カフェテリア）で食べたりします。カフェテリアのランチは日がわりで、好きなものを食べていいのです。食券を買って食べる方式のほか、年間契約の場合もあります。ちなみに、ごはんを食べるとき、「いただきます！」「ごちそうさま！」は言いません。

6. 日本の小学校では、悪いことをして、「ろうかに立ってなさい！」とバツをあたえられることがありますが、アメリカでも同じです。もっときびしいバツでは、detention といって、放課後に居残りをさせられることもあります。そうすると、校長室までよばれて、怒られて、親にも手紙がだされます。そのような不愉快な手紙を受けとった親は、読んだ証拠のサインをして、学校にもどします。問題がおこると、親も学校も早めに手をうって、大きな事件に発展しないように、最大の努力

をするのです。いじめなどの問題にも、このようにして対応しています。

7. 子どもの宿題やテストの成績は、保護者に連絡されます。子どもは、成績を家にもち帰って保護者に見せ、たしかに読んだという確認のサインをもらい、先生にもどさなければなりません。

8. アメリカの新学期は秋ですから、夏休みの間は宿題がありません。夏は、おおいに体を動かして、リラックスするのですね。ただし、勉強でおくれている子どもには、Summer School があります。約1ヵ月間の復習のコースを受けて、試験に合格しないと進学できません。

9. 5月の末から9月のはじめまで（！）長い夏休みをとる学校もあります。ただし、冬休みは5日間ほど、春休みもせいぜい1週間しかありません。お正月は1月2日からお勉強スタートです。

10. 小学1年生から落第があります。ただし、そのあとに勉強ができるようになると、希望すれば「飛び級」もできます。これはいい制度だと、私は思います。

小学校ならではの学校行事

学校行事

基本表現
すごい！ 1位だね！   Wow! You came in first!

スマート表現
すごい！ 優勝者だ！   Wow! You're the winner!

運動会での順位ですが、1位は first place で、2位は second place とか runner-up と言いますよ。runner-up とはつまり、1位の人のあとを走っているということです。The runner-up is Ken!（2位はケン君！）

学校行事

基本表現
今日は身体測定があります。   You have your physical examination today.

スマート表現
今日は身体測定があるの、知ってる？   Physical today, you know?

身体測定は、みじかく言って physical や、physical checkup でも通じますね。避難訓練は evacuation drill で、火災訓練なら fire drill ですよ。

学校行事

基本表現
遠足には、どんなおやつをもっていく？   What kind of snack will you take on field trip?

スマート表現
遠足のおやつはなに？   What snacks for field trip?

近場にでかけて、お弁当を食べたりする遠足は field trip と言います。バスや電車で遠方へでかける修学旅行は、school trip と言いますよ。

学校行事

基本表現
今年の夏の予定は？
What are your plans this summer?

スマート表現
夏はなにしてる？
What are you doing this summer?

計画は plan ですが、細かい日程は、itinerary と舌をかみそうなことばです。たいくつしたときにでも、練習してみてください。子どもたちといっしょにやると楽しいですよ。

学校行事

基本表現
楽しい夏休みにしてね！
Have a wonderful summer vacation!

スマート表現
最高の夏を祈る！
Have a great summer!

Have a.... これは便利なフレーズなので、応用してくださいね。Have a good time.（楽しいひとときを）、Have a nice weekend!（よい週末を！）

学校行事

基本表現
読みおわったら、感想文を書いてね。
Write a report when you finish reading.

スマート表現
本を読んで、読書感想文を書いてね。
Read a book and write a book report, okay?

この book report は、とてもよい勉強になりますね。自分のことばで感想文をまとめるには、練習が必要ですが、あとになってスピーチなどの実力がつきます。

英語ではどう言うの？
日本の小学校の科目と行事

Japanese	国語
Arithmetic/Mathematics (Math)	算数／数学
Science	理科
Social Studies	社会
Music	音楽
Gym/Physical Education (P.E.)	体育
Home Economics	家庭
Arts and Crafts	図工
Moral Studies/Ethics	道徳
International Understanding	国際理解
Information Studies	情報
Environmental Studies	環境
Life Environmental Studies	生活
Health and Welfare	福祉
entrance ceremony	入学式
opening ceremony	始業式
physical examination (physical)	身体測定
field day	遠足
sports day	運動会
evacuation/fire drill	避難／火災訓練
school trip	修学旅行
open class day	授業参観
opening of the pool	プール開き
closing ceremony	終業（修了）式
summer/winter vacation	夏／冬休み
school foundation day	開校記念日
cultural field trip	芸術鑑賞教室
music concert	音楽会
observation trip	社会科見学
school play	学芸会
school carnival	学園祭
graduation ceremony	卒業式

② 外国人ゲスト・ALT が学校にきたら…
こんにちは！ 外国人ゲストとの交流

外国人ゲスト

基本表現
はじめまして。おあいできてうれしいです。
How do you do? Nice to meet you.

スマート表現
こんにちは！ おあいできてうれしいです！
Hello! Nice to meet you!

How do you do? は、Hi! でもいいですよ。はじめてあったときに、Nice to meet you. そしておわかれのときに、Nice meeting you.（おあいできてよかったです）

外国人ゲスト

基本表現
こちらですよ。
This way, please.

スマート表現
こちらにきてください。
Can you come this way?

外国人ゲストを、教室まで案内するときなどに使えますね。Follow me.（私のあとについてきてください）という言い方もありますね。

外国人ゲスト

基本表現
お名前は？
What's your name?

スマート表現
お名前を教えてください。
May I have your name?

May I have your name? と言われても、名前をあげるわけではないので、安心してください。まちがっても、No! なんて抵抗はしないことですね。ちなみに、相手の名前を聞くときは、まず自分から名のるのが礼儀ですよ。

外国人ゲスト

基本表現
どちらから？

Where are you from?

スマート表現
どちらからいらしたのか、教えてください。

May I ask where you are from?

たとえば、From the U.S.A. という答えが返ってきたら、「アメリカでもどちら？」と聞いてみましょう。What part of America are you from?

外国人ゲスト

基本表現
趣味はなんですか？

What is your hobby?

スマート表現
好きなことはなんですか？

What do you like to do?

What is your profession?（ご職業は？）、What do you do?（なにをされていますか？）いずれも、職業を聞くときに使う表現ですよ。

外国人ゲスト

基本表現
今日は、きてくださってありがとう。

Thank you for coming today.

スマート表現
いらしていただいて、感謝しています。

We appreciated your coming.

It was nice of you to come.（きてくださってありがとう）でも、感謝の気もちを表現できますね。We enjoyed talking with you.（お話ができてうれしかったです）も使いましょう。

先生もちょっとドキドキ……ALTとの打ちあわせ

ALT

基本表現
これ、なんと発音しますか？　　　How do you pronounce this?

スマート表現
これ、言ってみてください。　　　Can you pronounce this?

発音の仕方を聞く場合は、How do you pronounce...? です。英語での言い方を質問するには、How do you say, "oyatsu" in English?（英語で、おやつのことはなんて言いますか？）と聞けばいいですね。

ALT

基本表現
助けてくれますか？　　　Can you help me?

スマート表現
ヘルプをお願いします。　　　I need your help here.

助けてもらったら、Thank you for your help.（助けてくれてありがとう）とお礼を言いましょう。ついでに、「ああ、手伝ってくれて助かった！」は、Ah, that was very helpful! なんて言えますよ。

ALT

基本表現
なにか即興でやっていただけますか？　　　Can you improvise something?

スマート表現
なにか適当にやってもらえますか？　　　Can you make up something here?

improvise はいいことばですけど、むずかしいですね。make up something でも通じますので、ご安心を。

小学校で使える英語表現編 ①

ALT

基本表現
これをどう思いますか？   **What do you think of this?**

スマート表現
これ、どう思います？   **What do you make of this?**

What is your opinion?（あなたの意見は？）なんて聞くこともできますね。

ALT

基本表現
なにかアドバイスは、ありますか？   **Do you have any advice?**

スマート表現
あなたのアイデアも歓迎しますよ。   **We appreciate your ideas, too.**

ほかには、suggestion（提案）ということばもありますね。Any suggestions?（ご提案は？）なんて、シンプルですがカッコイイ感じですね。発音は、［サジェスチョンズ］ですよ。

ALT

基本表現
子どもたちが自信をもつように、し向けてください。   **Please try to encourage the children.**

スマート表現
いいね！ とか、すごい！ を使って、元気づけてください。   **Please encourage them with "Nice!" and "Great!"**

Make the children happy.（子どもたちをよろこばせてください）が基本なのです。ALT の人も、クラスの中でいっしょにあそぶことができれば、大成功だと言えます。

小学校での英語レッスン〜
ALTからのアドバイス

クリストファー・コソフスキー
Christopher Kossowski
（出版社勤務編集者・元ALT）

■ 子どもたちに役割をあたえましょう

子どもたちに協力を頼み、役割をあたえること、これはとても大切なことです。優等生の子どもは、よろこんで先生のお手伝いを申しでてくるかもしれません。けれども、英語のレッスンで大活躍するのは、いつもはおとなしくて目立たない、もしくはなかなか言うことを聞いてくれない子どもたちだったりするのです。クラスを進めるという責任と実務を彼らにあたえることで、すばらしい結果が望める場合もあります。彼らを上手にレッスンに参加させてください。いつもとはちがう彼らの一面に、ほかのクラスメートも気づくことでしょう。

■ できるだけ子どもと会話をしましょう

教室で座っている子どもたちにプリントをくばる際、プリントの束をただいちばん前の子どもに手わたしてはいけません。質問を投げかけることで、いつもの作業を意味のあるものにすることができます。いちばん前に座っている子どもに、たとえば How many sheets do you need?（プリントは何枚必要ですか？）とたずねれば、その子はうしろに何人いるかをかぞえて、答えなければなりません。うしろの子どもたちからは、声援があがるかもしれません。そうやって、子どもたちを「英語の世界」に引きこむことができるのです。

■ 質問の意味とタイミングを考えましょう

What time is it?（何時ですか？）、What's today's date?（今日は何日？）、What day is it today?（今日は何曜日？）といった質問をクラスのはじめにすることも多いかと思いますが、もっと効果的な方法を知りたいと思いませんか？ たとえば、アクティビティの最中、もうすぐレッスンがおわる、というころを見はからって、子どもたちに Class, oh my, look at the time!（みんな、あれ、時計を見て！）、What time is it?

（今、何時？）と問いかければ、彼らは一生懸命答えてくれるでしょう。時間を知る重要性と、答える理由があるからです。同様に、曜日や日付についても、宿題をだす際にThis homework is due on Wednesday. What day is it today?（水曜日までにやってきてください。今日は何曜日かな？）、What's the due date?（宿題を提出するのは何日になる？）といった質問をすれば、英語の練習になり、同時に宿題の提出日を確認することもでき、一石二鳥です。授業のおわりでも、ただ、さようならを言うのではなく、When will I see you next?（次はいつあえる？）とたずねれば、子どもたちは考えてから、Monday./In three days./After the vacation.（月曜日／3日後／お休みのあと）のように答えてくれるでしょう。

☆ALTが使うイキイキ英語表現☆

私が教室でよく使っていた表現をいくつか紹介します。おもに先生が使うフレーズですが、当番やリーダーとなった子どもが使ってもいいですよ。

● クラスをはじめましょう

Let's get started.（はじめよう）
Class is now in session.（はじめます）

● 準備ができていない子どもたちに向かって

Class has already started.（授業はもうはじまっているよ）
Where's Lisa?（リサちゃんはどこ？）

How come you're not ready?（どうして、まだ準備ができていないの？）
Why aren't you ready?（どうして、まだ準備ができていないの？）
Okay, get ready.（さあ、準備をして）

● 注目させる

Okay.（さあ）
Please listen.（聞いてください）

● 理解度チェック

What will you need for this activity?
（このアクティビティに必要なものはなに？）

● しかる

Takeshi, please listen.（タケシ君、聞いてください）
Stop that!（やめなさい！）
Hey, Miki, I asked you to stop.
（ねえ、ミキちゃん、やめてくださいと言ったよね）
This is my final warning.（これが最後の警告です）

● アクティビティ

Get in pairs.（2人組になって）
Make two teams.（2つのチームにわかれて）

Ask as many people as possible.（できるだけたくさんの人に質問しよう）
Find the person with the ___.（___ をもっている人をさがそう）
Find five people who like ___.（___ が好きな人を5人さがそう）

Let's listen.（聞いてみよう）
Let's try to listen.（聞いてみよう）

● 機材などに問題がおきたとき

Uh-oh. We have a small problem here.（あれ。ちょっと問題発生）
Hold on just a minute.（ちょっと、まって）
Please be patient.（がまんしてください）

胸をはって紹介したい！ 日本の文化

日本の文化

基本表現
ケンダマのあそび方を教えてあげましょう。
I will teach you how to play "Kendama".

スマート表現
ケンダマはどうやってやるか、見てね。
Watch me play "Kendama".

You have to relax your muscles.（リラックスしてやるんだよ）なんて、説明も必要かもしれませんね。

日本の文化

基本表現
おりがみでツルをつくりましょう。
Let's make an origami crane.

スマート表現
ツルに挑戦してみる？
Want to try making a crane?

ついでに、千羽鶴のことも説明してください。We make one thousand of these when we pray for something.（お祈りをするときは、これを1,000もつくるんだよ）

日本の文化

基本表現
なにか日本語を知ってますか？
Do you know any Japanese words?

スマート表現
日本語でなにか言えますか？
Can you say anything in Japanese?

What can you say in Japanese?（日本語で、なにが言えますか？）という聞き方もありますね。

日本の文化

基本表現
ポケモンは、日本で人気のアニメです。

Pokemon is a famous cartoon in Japan.

スマート表現
ポケモンが大好きです。

We love Pokemon.

アメリカでも、日本のアニメやキャラクターが大人気です。ポケモンもそうですが、ドラゴンクエストも。女の子ではキティちゃんが大人気ですね。

日本の文化

基本表現
日本では、野球とサッカーが2大スポーツです。

Baseball and soccer are two major sports in Japan.

スマート表現
野球とサッカーは日本で人気だよ。

Baseball and soccer are big in Japan.

アメリカでは、バスケットボールとアメフトが2大スポーツだと言われています。でも、サッカーも最近は人気が上昇中、という感じですね。

日本の文化

基本表現
私たちは、3種類の文字を使っています。漢字、ひらがな、それにカタカナです。

We have three types of characters: Kanji, Hiragana and Katakana.

スマート表現
漢字、ひらがなとカタカナで、3通りの書き方ができます。

We can write in three different ways with Kanji, Hiragana and Katakana.

外国の人には、名前をカタカナで書くことを教えてあげると、よろこばれますね。そして、親しくなったら、漢字の当て字を教えてあげてください。「変理居（ヘンリー）」など……。

日本のことを英語で紹介してみよう！

- これから、日本の童謡をうたいます。
  I'm going to sing a Japanese children's song.
- これから、「ももたろう」の劇をします。
  We will now do a play called "Momotaro."
- これから、和太鼓を演奏します。
  We will now play the Japanese drums.
- 盆おどりをいっしょにおどりましょう！
  Can you dance with us? It's Bon odori!
- これから、私たちの町の名所を案内します。
  Let us show you some famous places in our town.
- 桜がきれいですね。「お花見」をしましょう。
  The cherry blossoms are beautiful. Shall we go see them?
- 富士山は、日本でいちばん高い山です。
  Mt. Fuji is the highest mountain in Japan.
- 日本の首都は東京です。
  Tokyo is the capital of Japan.
- すもうや柔道は、日本の伝統的なスポーツです。
  Sumo and judo are traditional Japanese sports.
- 「サムライ」にあいたい？ 残念、もういないんですよ。
  You want to meet a samurai? Sorry, no more samurais.
- これは、日本の国旗です。
  This is the Japanese flag.
- 今の日本の首相は_____です。
  The Japanese prime minister's name is _____.
- ご存じのとおり、日本人は、生の魚も食べます。「さしみ」といいます。
  As you know, we Japanese love to eat raw fish. We call it sashimi.

いろいろなフレーズを紹介しましたが、その中でもとくに「日本の童謡」を披露することをおすすめします。日本の童謡は世界に誇れる内容なのです。外国の人たちは大感激してくれるはずです。私のつくった英語版の日本の童謡*もぜひ聞いてみてください。

*『ヘンリーおじさんのやさしい英語のうた』CD#2（くわしくはp.229）

小学校からの英語～
ほめることで自信をそだてる

佐藤広幸（成田市立成田小学校教諭）

中学校から英語科学習をスタートしたほうがよい、という意見もありますが、私はやはり、小学校からはじめるほうが効果的だと思います。中学生という発達段階は、人前で大きな声をだしたり、大きな動作をしたりすることに、どうしてもはずかしさを感じ、買いものごっこや電話ごっこなどのあそびを応用した学習にも、抵抗を感じてしまいます。その点、言語習得に柔軟に対応できる小学生の段階では、大きな声をだすことによろこびを感じたり、ごっこあそびを応用した学習にも、夢中になってとりくみます。また、すこしまちがえた発音や言い方をしても、相手に伝えようとする気もちがなくなるわけではありません。むしろ、別の言い方で、なんとか伝えようと、試行錯誤して挑戦するようになります。子どもたちが、本来もっているエネルギーを学習に生かすことにより、英語を自然に身につけることができるのです。

日本人は英語を話すチャンスがすくないため、すこしくらいまちがえてもよい、という原点に立って考えてみてください。英語を口にしただけで、Very good.、Good job. とほめてあげることが大切なのです。母国語の日本語でさえ、まちがえる場合が多いのに、英語をまちがえてはいけない、と考えるのは、受験勉強中心の学習になってしまっているからではないでしょうか。子どもには、自信をもたせることが大切なのです。自分がせいいっぱい答えたことに対して、みんなの前で発音がちがうとか、言い方がちがうなどと否定されれば、英語を好きになるはずはありません。赤ちゃんが最初に話したことばが伝わらないからといって、自分の子どもをしかる母親がいるでしょうか？ 子どもは、まちがえながらもことばを使うことによって、自信をつみかさね、その自信が生きる力につながっていくのです。子どもが英語を話したら、ぜひ、思いきりほめてあげてください。

全国すべての小学校で、国際理解教育もふくめた英語教育を進めることにより、自分とは意見のちがう相手の考えも受けいれることができるような、広い心をもった日本人を育てていけるようになることを願っています。

第2部
ヘンリーおじさん＆CHICA先生と
さあ、レッスンをはじめましょう！

ここでは、ヘンリーさんが信頼をおく、ベテラン児童英語教師のCHICA先生にバトンタッチ。子どもの年齢別に、「幼児クラス」「小学校低学年*クラス」「小学校高学年*クラス」のレッスンをイラストつきで紹介していきます。「どのクラスでも使える基本表現」も必見！

構成・指導案：CHICA先生　　監修：ヘンリーおじさん

*本書では、低学年は小学校1～3年生、高学年は4～6年生をさします

ヘンリーおじさんからのメッセージ

●ニコニコ笑顔がなにより大切ですよ！

　このパートは、私も大好きなCHICA先生が担当してくれました。まだ若い方ですが、ベテランの先生です。明るい方ですので、子どもたちにも人気があります。この「明るい」という印象が、子どもたちには大事なのですね。だれでもカラッと晴れた日を大歓迎するように、子どもたちも、やはり明るく元気な先生がいいのです。子どもたちといっしょに（体は別にしても、せめて気もちのうえで）あそべない人は、先生の資格はないと信じます。

　実は、それに関連したおもしろいお話があるのです。私がライフワークとして大事にしているお仕事で、日本の童謡を英訳して世界に広めようという企画があります。ある日、日本の童謡の歌詞を慎重に英語に訳して、いざ、うたうときにそれは起きました。スタジオで、マイクに向かって一生懸命にうたうのですが、自分でもイマイチ楽しくないのです。歌そのものは上手にうたっているのですが、なんとなく気もちがでていないと感じてしまうのです。不思議でたまりませんでした。思案したあげくに、はっと気がつきました。昔の童謡歌手は、みなさんジェスチャーを交えて、ニコニコ顔でうたっていたのを思いだしました。さっそく、私もためしてみました。ひとりっきりで、マイクに向かって、ニコニコ、まるでパパとママといっしょにハイキングに行っている子どものような感じでうたってみたのです。そうして録音されたものを、スタジオでプレイバックしてみると、ちがうのですね！　どことなくちがうのです。子どもの世界がそこにあるのです！　聞いていてもワクワクするのです！

　この気もちを大事に、このパートで紹介するレッスンをもとに、クラスを進めてみてください。教える人は、お姉さん、お兄さん、おばさん、おじさん、お母さん、お父さん、だれでもいいのです。やさしい、楽しいクラスなら、子どもたちはよろこんでついてきてくれますよ。

　こうしてお話を書いているだけでも、なんだか楽しそうな雰囲気ですね。私も参加したくなってきました！

どのクラスでも使える基本表現

さあ、レッスンのはじまりです！ ここでは、子どもたちの年齢に関係なく、先生が知っておくと便利な基本表現を紹介します。レッスンのはじめからおわりまでの基本的な流れをシミュレーションしていきましょう。たとえば、レッスンの準備の際、先生は子どもに話しかけながらも（もちろん英語で！）手を休めるわけにはいきません。そんなときに使える表現も紹介します。レッスンで使う英語は、簡潔なことが大前提ですが、みじかくてもきちんとしたセンテンスで子どもに話しかけることが大切ですね。

1 子どもたちがやってきた

Hello, Miki. Come on in!

こんにちは、ミキ。さあ、入って！

これも使える！

(1) So good to see you, Kenji!
「ケンジ、またあえてよかったわ！」

(2) How are you, Mika?
「ミカ、元気？」

入室の際は、明るい表情と声で、子どもたちを受け入れてあげましょう。英語で語りかける際は、なるべく子どもの名前をくり返しよんであげてくださいね。

How was school?

学校はどうだった？

これも使える！

(1) What did you eat for lunch?
「お昼はなんだった？」

(2) Sit down and relax, okay?
「座って、楽にしていてね」

子どもが教室にいっぽ足をふみ入れた瞬間から、英語の世界に入ってこられるよう、英語でコミュニケーションをはかります。気もちの切りかえに協力してあげましょう。

2　レッスンのはじまり

Welcome to the class!

クラスへようこそ！

これも使える！

(1) Shall we start?
「（レッスンを）はじめましょうか？」

(2) We're going to have fun today!
「今日は楽しいわよ！」

レッスンをテンポよく進めるためにも、開始のあいさつはみじかく的確に、次の会話へとつなげていきたいものです。

Hello, everyone!
Hello, Ms.Tanaka.

みなさんこんにちは！／
こんにちは、タナカ先生

これも使える！

(1) Say, "Here!" when I call your name.
「名前をよんだら、『はい』と答えてね」

(2) How are you feeling today?
「調子はどう？」

あいさつは、ただ言うだけにならないよう、子どもが感情をこめて言えるようになったら、表現をすこしずつ変えてみましょう。ことばのもつ意味が生きてきますよ。

Who wants to be today's leader?

今日のリーダーになりたい人？

これも使える！

(1) Let me choose today's leader.
「今日のリーダーを決めます」

(2) Today's leader is wearing a red T-shirt.
「今日のリーダーは赤いTシャツを着ています」

リーダー決めは、小学生以上のクラスから行うといいですね。でも、無理にえらぶ必要はありませんよ。子どもたちの性格や状況で判断するようにしましょう。

3 ほめる・しかる

Wonderful work!

すばらしいわ！

これも使える！

(1) Amazing!
「すごい！」

(2) Marvelous!
「すばらしい！」

子どもをほめたいときに使える形容詞はいろいろありますが、映画などでニュアンスのちがいを研究してみてはいかが？ 英語ではオーバーに表現しても OK ですよ。

Look at me (when you answer).

（返事をするときは）私の目を見てね

これも使える！

(1) Don't bother him.
「彼のじゃまをしないで」

(2) I hope you understand.
「わかってもらえればいいの」

話すときは、相手の目を見ることをルールにしましょう。日本の子どもは目を見て返事をしない、と指摘されることがしばしばあります。

Stop chatting!

おしゃべりはやめなさい！

これも使える！

(1) Shh. Quiet, please.
「シー。静かに」

(2) I think that's enough!
「そこまでよ！」

レッスンのじゃまをする子どもをしかるときは本気で。英語であっても先生の真剣さは伝わります。レッスンを止めないように気をつけながら、ルールを伝えましょう。

4 レッスンのおわり

Now it's time to say goodbye.

おわりの時間がきてしまったね

これも使える！ T＝先生　S＝子ども

(1) Remember today's homework?
「今日の宿題をおぼえていますか？」

(2) T: Here is your sticker. /
S: Thank you.
「シールです」「ありがとう」

帰る前に、宿題の内容をもういちど確認します。幼児のほとんどは、自分で連絡事項を書けませんので、先生が書いてあげる時間も見つもっておくといいでしょう。

Do you have everything?

ぜんぶもちましたか？

これも使える！

(1) Can I have your name tags?
「名ふだをください」

(2) Don't forget to watch the video.
「ビデオを見てくるのを忘れないでね」

「子どもは忘れものをする！」を前提に、帰る前には、かならず教室内を点検するよう習慣づけさせるといいですね。

See you next class!

次のレッスンであいましょう！

これも使える！

(1) Thank you for coming!
「きてくれてありがとう！」

(2) Take care!
「気をつけてね！」

早急に効果を求めすぎてはいけません。子どもたちが、レッスンを楽しみながら続けられるように、はげましてあげることが大切です。

幼児クラスのレッスン

まだ無邪気で、あどけなさでいっぱいの幼児クラスの子どもたち。この時期の子どもは、先生が言ったことばを、そのまままねして口にだすのが得意です。先生の口ぐせが、子どもたちにいつのまにかうつっていた……ということも、おおいに考えられますので、普段からきちんとした英語表現を心がけたいものです。集中力のみじかさやあきっぽさも、この年齢の特徴のひとつです。おおらかにとらえて、先生も豊かな表情やジェスチャーで子どもたちをひきつけるよう、心がけましょう。

1 歌をうたおう

Touch your head.

頭をさわってね

これも使える！

(1) **Point to your eyes.**
「目を指さしてね」

(2) **Now, touch your head and mouth.**
「今度は、頭と口をさわってみて」

うたう前の導入として、ジェスチャーを確認します。先生は大げさなくらいの身ぶりで誘導していきましょう。

Let's sing "Head, Shoulders, Knees and Toes."

"Head, Shoulders, Knees and Toes" をうたいましょう

これも使える！

(1) **Sing along with the music.**
「音楽にあわせてうたいましょう」

(2) **Can you move your body while singing?**
「歌といっしょに体を動かせるかな？」

歌はレッスン開始のウォームアップとして、また、気もちの切りかえとしても役立ちます。

2 数をかぞえよう

Look at the cards.

カードを見てください

これも使える！

(1) Say the numbers (from one to ten).
「（1から10までの）数を言いましょう」

指で数をかぞえる際、日本では最初に手を開き、親指から小指の順番で指をたたんでいくことが多いですが、欧米ではこぶしをにぎり、親指からスタートして、ひとさし指から小指へ広げていくなど、いろいろなかぞえ方があるようですよ。

Let's count. One, two, three...

かぞえましょう。1、2、3…

これも使える！

(1) Count your pencils.
「エンピツをかぞえてください」

(2) You can start slowly.
「はじめはゆっくりでいいわよ」

いっしょにかぞえることになれてきたら、今度は自分の指を使ってみたり、身のまわりのものをかぞえてみたりさせてみましょう。

Let's clap three times.

3回、手をたたきましょう

これも使える！

(1) Jump five times.
「5回ジャンプしましょう」

(2) Count backwards (from ten to one).
「（10から1に向かって）数を逆にかぞえましょう」

数字を逆から言わせたり、子どもたちの知っている動詞と数をあわせて聞きとらせるなど、バリエーションに工夫をこらしましょう。

3 アクティビティ〜おはじき

Let's play marbles!

おはじきであそびましょう！

これも使える！ T=先生　S=子ども

(1) Ready to play?
「準備はいい？」

(2) T: Here you are./S: Thank you.
「どうぞ」「ありがとう」

これから楽しいことをするという気もちを、表情であらわしましょう。ところで、英語では、おはじきもビー玉も、同じ marbles ですよ。

How many (marbles) do you have?

いくつ（おはじきを）もっていますか？

これも使える！

(1) Let's count Haruko's marbles.
「ハルコのおはじきをかぞえよう」

(2) How many pink marbles do you have?
「ピンク色のおはじきをいくつもってる？」

難易度をあげて、何色のおはじきをいくつもっているかなどを質問します。ひとりずつ答えを言わせるのがむずかしい場合は、全員いっしょにかぞえてみましょう。

Put five marbles on the floor.

おはじきを5つ、床においてね

これも使える！

(1) How many do you want to line up?
「いくつならべたい？」

(2) Put these marbles away.
「おはじきをかたづけようね」

ならべるだけでなく、「3つひろって」など、かたづけるときの指示の仕方によっても、数の学習につなげられますよ。

4 ワーク〜数と色

Take out your workbook.

ワークブックをだしてください

これも使える！

(1) Crayons, too.
「クレヨンもね」

(2) Open to page 2.
「2ページを開いてください」

> 中には、数字がまだ読めない子どもがいるかもしれません。その場合は"page 2"の部分をしっかり聞かせながら、ページを開くのを手伝ってあげましょう。

What's this?

これはなに？

これも使える！

(1) How many cats are there?
「ネコは何匹いるかな？」

(2) Let's count together!
「いっしょにかぞえましょう！」

> 子どもたちの知っていることばを、なるべくたくさん英語で聞かせて、コミュニケーションをはかりましょう。絵の中のものの数をかぞえるのが最終目標です。

Let's color the cats orange.

ネコをオレンジ色にぬりましょう

これも使える！

(1) Use any color you like.
「なに色でぬってもいいわよ」

(2) Try to draw three apples.
「リンゴを3つ描いてみよう」

> ただのぬり絵にならないよう、「数」と「色」に子どもたちの意識を集中させるようにしましょう。

5 表現～いくつですか？

How old are you?
I'm three.

いくつですか？／3歳

これも使える！　　　　T=先生　S=子ども

(1) T: One year old./S: One year old.
「1歳」「1歳」

(2) It's Saori's birthday today. She's four years old now.
「今日はサオリの誕生日です。4歳になりました」

先生は、指で数をしめすなどして、サポートします。なれてきたら、ていねいな言い方として、数字のあとに"year(s) old"をつけて指導するようにしましょう。

Stand up!

立って！

これも使える！

(1) Four-year-old children, stand up!「4歳のお友だちは立って！」

(2) Any five-year olds here?
「5歳の子は、いるかな？」

数が聞きとれているか、気をつけて行います。なれてきたら、言ってほしい年齢を、子どもたちにリクエストしてもらってもいいでしょう。

Let's play a game.

ゲームをしましょう

これも使える！

(1) Make a circle.「輪になって」

(2) Say, "How old are you?" and roll the ball.
「『いくつですか？』と言いながらボールを転がしましょう」

輪になって座り、ひとりが質問しながらボールを転がし、受けとった子が答えるゲームです。きちんと言えているかチェックしながら行うことが大切ですよ。

6 絵本の時間

Story time!

お話の時間です！

これも使える！
(1) **Sit on the floor now.**
　「床に座ろうね」
(2) **Can you see me?**
　「私が見える？」

絵本の時間は、レッスンの「静」の部分です。床に座らせるなどリラックスさせ、みじかいことばがけで、子どもたちの興味をひくようにしましょう。

How interesting!

おもしろいわね！

これも使える！
(1) **Do you know what happens next?** 「次はなにがおこるかな？」
(2) **Funny story!** 「おもしろいお話ね！」

● interestingは、「興味深い」という意味です。funnyは、「おかしい（ユーモラス）」という意味あいが強いですね。

先生は、本を読む声や表情に喜怒哀楽をつけたり、質問をはさんだりして、子どもたちの好奇心をふくらませていきましょう。

This is the end of the story.

このお話は、これでおしまい

これも使える！
(1) **What color was ___ ?**
　「___ は、なに色だった？」
(2) **How many ___ were there?**
　「___ は、いくつあった？」

先生は、本をとじたまま子どもに質問したり、本を開いて、登場人物の数をいっしょにかぞえるなどして、その日のレッスンにでてきた単語や表現とつなげるようにします。

小学校低学年クラスのレッスン

小学校低学年の子どもは、幼児の延長線でとらえられがちですが、友だちとの協調性も芽生え、すこしずつグループワークやペアでの作業もできるようになってきます。この特性を生かして、知的なアクティビティも、レッスンにもりこんでいきましょう。体をおもいきり動かすシーンと、きちんと席について落ちついて作業をする場面を、しっかりわけるようにするといいでしょう。といっても、まだまだあどけなさが残る年齢ですから、子どもたちが期待する、常にワクワクするようなレッスンを心がけましょう。

1 天気について

How's the weather today?
It's cloudy.

今日のお天気はどう？／くもり

これも使える！

(1) Sunny? Rainy?
「晴れ？ それとも雨？」

(2) What do you do on a sunny day?
「晴れの日には、なにをしますか？」

質問の意味がわからない子どもには、"Sunny?" などとヒントをだしてあげましょう。すでに習った動詞と関連づけて、晴れの日にすることを考えてみるのもいいでしょう。

Ask each other questions.

質問しあいましょう

これも使える！

(1) Finished?
「できましたか？」

(2) Sit down when you're done, alright?
「おわったら座ってね」

Q＆Aができたら座るなど、ゲーム性をもたせると、子どもたちはより一生懸命やってくれますよ。

2 単語〜色

Red.

赤

これも使える！

(1) Look at the chart now.
「さあ、チャートを見てね」

(2) Tell me what color they are.
「なに色だか、おしえてね」

チャートや色カードなどを使って、色を紹介します。"r"などの日本語にない発音は、特に気をつけて聞かせてあげましょう。

Touch something yellow!

黄色いものをさわってね！

これも使える！

(1) Touch something yellow and blue.
「黄色と青いものをさわって」

(2) Who wants to try now?
「やってみたい人はいる？」

最初はシンプルに1色だけ、なれてきたら2色以上の指示をだします。子どもにも指示をださせるなどのバリエーションをつけると、もりあがりますよ。

Find a blue bag!

青いバッグを見つけてね！

これも使える！

(1) Find a red and blue bag.
「赤と青のバッグを見つけてね」

(2) Find a red bag and a blue pen.
「赤のバッグと青いペンを見つけてね」

子どもたちがすでに習った、ものの名前と色の名前を組みあわせて、質問していきます。レベルに応じて質問の難易度を変えてみるといいでしょう。

3 表現〜これはなに色？

What color is this? / **It's white.**

これはなに色ですか？／白です

これも使える！

(1) **What color are they?/They are white and black.**
「これらはなに色ですか？／白と黒です」

(2) **What color do you like?/I like white.** 「どの色が好き？／白が好き」

パペットなどで先生がモデルをしめし、次に答え方を練習し、最後に質問が言えるように導きましょう。

Let's make two groups.

2つのグループにわかれましょう

これも使える！

(1) **Group A, now ask Group B.**
「Aグループのみんな、Bグループに質問してね」

(2) **You have thirty seconds.**
「30秒でやってね」

グループわけをする際の指示です。まだなれていない表現に関しては、ペアで練習させる前に、かならずグループでいっしょに練習するようにしましょう。

Ready? Go!

用意はいい？ はじめ！

これも使える！

(1) **You have one minute, okay?**
「1分あげるわよ」

(2) **Ask three friends questions.**
「3人のお友だちに質問しよう」

時間制限をもうけ、時間内になるべく多くのＱ＆Ａを言ったり、決めた人数になるべく早く質問するなど、ゲーム的要素を入れるといいでしょう。

4 ゲーム〜BINGO

Do you want to play BINGO?
Yes!

ビンゴゲームする？／うん！

これも使える！

(1) We're going to play Color BINGO.
「色を使ったビンゴをしますよ」

Color BINGO について：3×3 cm 程度のビンゴシートのマス目に、それぞれ色をぬります。先生の言う色がマス目にあったら、チップをおくなどして印をつけていきます。たて、横、ななめいずかの1列がそろったら"BINGO!"と言います。

Are you ready?
Ready!

準備はいい？／いいよ！

これも使える！

(1) Put your chip on red.
「赤色の上にチップをおいて」

(2) Did you get BINGO yet?
「まだビンゴになってない？」

ビンゴなどのゲームをする際は、子どもたちがゲームに夢中になるだけでなく、先生の英語による指示をしっかり聞いて理解しているかを、確認することも大切です。

Everybody did a great job!

みんながんばったね！

これも使える！

(1) You won!
「勝ったね！」

(2) Don't give up.
「あきらめないで」

全員がビンゴになるまで続けた場合は、全員をほめてあげましょう。順位をつける場合は、1番になった子どもをほめるとともに、ほかの子のフォローも大切です。

5 アルファベット

Let's sing the ABC Song.

Aa Bb Cc Dd Ee
Ff Gg Hh Ii Jj
Kk Ll Mm Nn Oo
Pp Qq Rr Ss Tt
Uu Vv Ww Xx Yy Zz

アルファベットソングをうたいましょう

これも使える！

(1) **Let's point at the letters and sing.**
「文字を指さしながら、うたいましょう」

(2) **What's this letter?**
「この文字はなにかな？」

有名な ABC の歌を手がかりに、文字を教えていきます。文字を指さしてうたったあと、子どもたちに、先生のさす文字がなにか質問してみましょう。

What is "A" for? "A" is for apple.

A は、なんの A かな？
A は apple（リンゴ）の A

これも使える！

(1) **What letter do you like?**
「好きな文字はなに？」

(2) **What words start with an "A"?**
「A ではじまる単語はなにかな？」

チャートやカードを使って、アルファベットや代表的な単語を言っていきます。いちどに26文字ぜんぶを教えるのではなく、あせらず何回かにわけて導入していきます。

This is the capital letter "A".

これが大文字の A ね

これも使える！

(1) **Can you find the capital letter "B"?** 「大文字のBはどこかな？」

(2) **Can you name this letter?**
「この文字がなにか、わかるかな？」

アルファベットを学びはじめたころは、カードゲームはまだむずかしいでしょうから、みんなでいっしょに確認していきましょう。

6 ワーク〜アルファベット

Trace the capital letters.

大文字をなぞりなさい

これも使える！
(1) **Can you trace them all?**
　「ぜんぶなぞれるかな？」
(2) **Now, point to the small letters.**
　「今度は小文字をさしてごらん」

まずは大文字のトレース（なぞり書き）からはじめます。一般的に、アルファベットは、「大文字→小文字」の順番で学ぶほうが、子どもにとっておぼえやすいようですよ。

Try without tracing.

トレース（なぞり書き）なしで書いてみよう

これも使える！
(1) **Watch your stroke order.**
　「書き順に気をつけてね」
(2) **Write neatly, alright?**
　「きれいに書いてね」

アルファベットは、日本語ほど書き順が厳密ではありませんが、使用している教材にならって書く練習をしてみましょう。

Copy and write the words.

単語を写して書きましょう

これも使える！
(1) **Can you write "apple" in your notebook?**
　「練習帳に apple って書いてみましょう」
(2) **Watch your spelling.**
　「スペルに気をつけてね」

「聞いてわかる単語を書く」をポイントに、すこしずつ単語を書くことにもなれていくよう、指導していきます。

小学校高学年クラスのレッスン

知的好奇心や欲求が高まるこの年齢の子どもたちのレッスンには、それらを反映した内容をもりこむ必要があります。スピーキングに関しても、しだいに人前で英語を話すことへの羞恥心や、まちがいを言うことに対する恐れを抱きはじめる年齢ですので、幼児や低学年とはちがった意味での配慮が大切です。ここでは、高学年の子どもの知的好奇心をくすぐるような学習内容を多くもりこみ、その際に使用する英語表現を紹介しています。Show and Tell の進め方や、文字の読み書きの練習なども参考にしてください。

1 単語～教科

Let's learn new words.

新しい単語をおぼえましょう

これも使える！

(1) Today's class is about school subjects.
「今日は、学校の教科についてやります」

(2) Look at the class schedule and say the subjects.
「時間割を見て教科を言いましょう」

なれてきたら、いつもの時間割を見て、教科を英語で言ってみる練習をしてもいいでしょう。

Let's say it together. Math.

Math.

いっしょに言いましょう。算数／算数

これも使える！ T=先生 Ss=子どもたち

(1) T: What subject is this?/Ss: Science.
「この教科はなに？」「理科」

(2) Can you speak up?
「声にだしてはっきり言えるかな？」

次に、子どもたちひとりひとりに質問しても答えられるよう、教科の名前をしっかりおぼえさせましょう。

2 表現〜好きな教科

Take turns and say the words.

順番に単語を言っていきましょう

これも使える！　　　　　　T=先生　S=子ども

(1) T: Take one card and read it./
S: Music.「カードを1枚ひいて、読んでみましょう」「音楽」

(2) T: Plus and minus are used in which subject?/S: Math.
「＋と－を使うのは、どの教科？」「算数」

全員が順番に言うことで、高学年特有のはずかしさや「自分だけ…」といった気もちがうすれていきます。

**I like music.
(My favorite subject is music.)**

音楽が好きです
（私の好きな教科は音楽です）

これも使える！

(1) Let's practice the sentences using the cards.
「カードを使って文を練習しましょう」

(2) Pick one card.
「カードを1枚ひいて」

まずは全員で答え方の練習をします。センテンスと単語が定着してきたら、先生は意図的に、質問を聞かせてから答えさせるようにします。

What's your favorite subject?

I like P.E.

好きな教科はなんですか？／
体育が好きです

これも使える！

(1) Please answer my question.
「質問に答えてくださいね」

(2) T: How about you, Takeshi?/
S: I like P.E./My favorite subject is P.E.
「タケシ、あなたは？」「体育が好きです」

自分の本当に好きな教科を答えとして言うことが目標です。子どもの答えは、My favorite subject is.... でもいいですね。

3 アクティビティ〜 Show and Tell

Let's do Show and Tell!

Yes, let's!

Show and Tell をしましょう！／いいね！

これも使える！　　　　　　　Ss=子どもたち

(1) Ss: OK.
「うん」
(2) Let me show you how, first.
「私が最初にやってみますね」

Show and Tell について：子どもが自分で選んだ題材について、みんなの前で英語で発表をする活動のことです。

The theme is "My favorite thing."

This is my ＿＿＿
It's ＿＿＿.
I like it.

テーマは『私の好きなもの』

これも使える！

(1) This is my Teddy Bear.
「これは私のテディベアです」
(2) Please bring something special.
「特別なものをもってきてください」

キーセンテンス（ここでは This is my ＿＿＿.）をしっかり練習しておきます。黒板や壁の目につく場所に表現を書くか、はっておくといいでしょう。

Now, we're going to talk about color.

This is my Teddy Bear.
It's ＿＿＿.
I like it.

次に、色についてお話しします

これも使える！

(1) My Teddy Bear is brown. It's brown.
「私のテディベアは茶色いです。茶色です」
(2) What color is your favorite thing?
「お気に入りのものは何色ですか？」

キーワードとなる大切な単語は、はっきりとした口調で強調して聞かせるといいでしょう。

4 アクティビティ〜3ヒント・クイズ

Guess the word.
なんの単語かあててごらん

これも使える！
(1) I will give you three hints.
「3つのヒントをだしますよ」
(2) Copy the sentences from the board.「黒板に書かれているセンテンスを写そう」

3つのヒントから単語をあてるゲームです。聞く力はもちろん、ヒントを書くこと、そして最後に答えの単語を書くところまでを目標としています。

Here's the first hint. It's red.
It's ＿＿＿．
では、最初のヒントです。赤いもの

これも使える！
(1) Did you hear the key word?
「キーワードを聞きとれましたか？」
(2) Write the word in your notebook.
「ノートにキーワードを書いてね」

"red" のスペルがわからない子どもがいる場合は、わかる子どもに黒板に書いてもらい、確認させるといいでしょう。

Can you guess what it is?
It's red．
だれかわかった？

これも使える！
(1) Are you ready for the next one? It lives in the ocean.「次に行ってもいいですか？ 海に住んでいます」
(2) What was the first hint once again?
「最初のヒントはなんだっけ？」

ヒントのおさらいなど、フォローを入れながら進めます。"It has eight arms."（足が8本あります）と続き、答えは "It's an octopus."（それはタコ）です。

高学年クラス ❷

5 ワーク〜文字

Connect the words and the pictures.

単語と絵を線でむすんでね

これも使える！

(1) **Let's read the words before we start.**
「はじめる前に単語を読んでみましょう」

(2) **See if your answers are correct.**
「答えあわせをしましょう」

単語の定着をめざし、ワーク以外にも練習帳などを使って、たくさん書く練習をすることをおすすめします。

Fill in the blanks with the letters.

空欄に文字を書きましょう

これも使える！

(1) **You can check the dictionary.**
「辞書で調べましょう」

(2) **Show me when you're done.**
「おわったら見せてね」

ひとりで単語を書けるようになるまでは、たいへんな道のりです。子どものペースにあわせた指導を心がけたいものです。

Read the sentences.

文章を読んでね

これも使える！

(1) **Point at the words as you read them.**「文字を指でおいながら読みましょう」

(2) **Do you have any questions?**
「わからないところはありますか？」

文章をかたまりで読ませるときには、指で文字をおって読むように指導しましょう。単語の認識や、文の構成を感覚的に身につけられます。

CHICA先生からのメッセージ

●PROFILE
本名・亀山千佳（かめやま ちか）
児童英語教材の開発経験をつんだのち、児童英語教師に。約10年にわたり、乳児から大人まで、幅広い年齢を対象に英語を指導。(株)アルクにおいて、教材・カリキュラムの開発や教務指導、インストラクター養成に携わる。小学校での英語活動の指導や子ども向け英語イベントでも活躍中。

● レッスンのヒント：2つの効果的な「くり返し」

　単語や表現を効果的に定着させるために、「くり返し」という方法があります。これには2つの意味があり、レッスンの中で、同じ単語やフレーズを「くり返し」聞かせるという意味と、すでにおぼえたことばを忘れないために、復習として「くり返し」レッスンに取りいれるということです。最初の「くり返し」では、定着させたいことばをレッスンの中で意図的にたくさん聞かせる、または言わせるようにします。ゲームやアクティビティは、絶好のチャンスです。先生は、上手にことばをかけながら、おぼえてほしい英語を子どもたちがしっかり使えるように、導いてあげましょう。また、子どもたちが単語や表現の意味をちゃんと理解するまで、先生は同じ指示やリアクションをできるだけくり返すことが大切です。2つ目の「くり返し」は、いちどおぼえた単語や表現を忘れないようにするために、重要なことです。子どもは、おぼえるのも、忘れるのも早いものです。せっかくおぼえた英語を忘れさせないためにも、「くり返し」の意味する、リピートと復習の効果を念頭に、子どもたちの理解を深めてあげてください。

　もちろん、新しい単語や表現の導入だけで、ゲームはおしまいではありません。おぼえた単語を、今度はセンテンスにのせて言う練習や、疑問形の練習へと発展させていきます。コミュニケーションは、ことばのキャッチボールではじめて成立するものです。英語の学習歴やレベルに応じて、子どもたちにも、自分から話すシチュエーションを経験させてあげることが大切です。

●「これだけはゆずれない」というポイントを明確に

　どうやったら、子どもたちが英語に興味をもってくれるかしら……私の指導の仕方は正しいのかしら……あれこれと考えることがあります。レッスンを回想しては、さっきのゲームの説明は、文字指導はあれでよかったのかなど、悩みだしたらキリがありません。でも、これまでにわいてきた疑問は、子どもたちによって、答えが導きだされてきたように思います。

　集中力のみじかい子どもの気をひくためには、子どもが興味のあることをレッスンに織りまぜる必要がありますし、また、そのためには、子どもの年齢的特徴を把握しておかなければなりません。けれども、同じ年齢であっても、子どもによって興味の対象がちがうことはよくありますし、男女差、クラス単位の傾向などは千差万別です。子どもの機嫌や体調によって、スムーズにレッスンが進まないこともあるでしょう。あらかじめ用意しておいたレッスンプランが、実際のレッスンで十分に生かされないこともある、というのは、児童英語の特徴かもしれません。

　教える立場の心がけとして大切なのは、子どもに対して、常にのびやかで柔軟に対応する精神的余裕をもつこと、そしてそれ以上に大切なのが、これだけは子どもにゆずれない、ここだけはおさえておきたい、というレッスンのポイントを、しっかり頭に思い描いておくことです。プランの順番が多少前後したり、子どもがざわついて聞いてくれない程度の悩みは、ほとんどの児童英語の先生が経験することです。子どもに身につけてほしい部分に全神経を注ぎ、子どものすばらしい集中力を生かせるよう、みじかいスパンで区切って指導していくことが大切です。

　そして、子どもたちを導いていくためには、自分自身をみがく努力も欠かせません。先生も日々、レッスンで使う英語をブラッシュアップさせていきましょう！

日本語さくいん

あ
- アイスキャンデーにはなりたくないよ。ヒーターをお願い！ ……76
- アウトよ！ ……99
- あえて、本当にうれしい。……65
- あえてうれしい！ ……65
- あえてうれしいわ。……65
- あえなくてさみしかったわ！ ……71
- 青いバッグを見つけてね！ ……180
- 赤。……180
- 赤色の上にチップをおいて。……182
- 赤と青のバッグを見つけてね。……180
- 赤のバッグと青いペンを見つけてね。……180
- あきらめちゃだめよ！ ……23
- あきらめないで。……182
- 明日、晴れるといいね。……75
- 明日は、きれいに晴れるといいね。…75
- あだ名はあるの？ ……111
- 頭がいいわ！ ……12
- 頭をさわってね。……173
- 新しいクツ、いい感じよ！ ……61
- 新しいクツ、いいわね。……61
- 新しい単語をおぼえましょう。……185
- アッ、忘れちゃった！ ……54
- 暑いね。……76
- あなたが次のオニさん？ ……99
- あなたのアイデアも歓迎しますよ。……159
- あなたの言うとおりでいいわ。……30
- あなたの大きなスマイル好きよ。……16
- あなたの答えで正解です。……17
- あなたの進歩はいいわね。……18
- あなたのせいじゃないわ。……24
- あなたの責任じゃないわ。……24
- あなたは、よく人のお話を聞くわね。

- あなたは失格です。……99
- あなたはチャンピオンよ！ ……20
- あなたはどうですか？ ……33
- あの子、今日は遅刻？ それともお休み？ ……60
- あまりがんばりすぎなくてもいいよ。……25
- あまりテレビに近よらないで。……86
- 雨が大好きな人は？ ……74
- 雨で残念。……74
- 雨の日が好きな人？ ……74
- あやまるべきだと思うわ。……42
- あら、おどろいた！ ……31
- あら、こちらのほうがずっといいわね！ ……17
- あら、そう？ ……30
- ありがとう。……172, 175
- ありがとうって、言った？ ……38
- ありがとうって言うんだよね。……38
- アルファベット、やる？ ……117
- アルファベットソングをうたいましょう。……183
- アルファベットのお勉強をしましょう。……117
- あれ。ちょっと問題発生。……162
- 安全第一ですよ！ ……140

い
- いい考えね！ ……12
- いいクラスだったよ！ ……128
- いい子だった、この1年？ ……133
- いい子でいてね！ ……129
- いい仕事。その調子よ！ ……21
- いいじゃない。……20
- いい成績よ。……14
- いい天気、でしょ？ ……65
- いい天気じゃない？ ……65
- いい天気ね。……65

いい得点だね！ ……………………14
Eenie, Meenie, Miny, Moe（で決める）？
　………………………………96
Eenie, Meenie, Miny, Moe をうたって
　決めようか？ ………………96
いいね！ ……………………………187
いいね！ とか、すごい！ を使って、
　元気づけてください。 ………159
いいよ！ ……………………………182
いいわね！日増しによくなっているわ！
　………………………………18
家で完成させてね。 ……………121
家でできること、ありますか？ ……143
家で残りをやってね。 …………121
家でも楽しんでやってね。 ………121
家でもやってみてくださいね。 ……141
家で練習したよね？ ………………81
家で練習できましたか？ …………81
息を深くすいこんでね。 …………93
いくつ（おはじきを）もっていますか？
　………………………………175
いくつですか？ ……………………177
『いくつですか？』と言いながらボールを
　転がしましょう。 ……………177
いくつならべたい？ ………………175
イスの上に立たないで。 …………44
イスは座るためにあるの、立つためでは
　ありません！ …………………44
いそがしすぎたのね。 ……………80
いそがなくていいよ。 ……………22
いそぐことはないよ。 ……………23
いそぐ必要はありませんよ。 ……23
（1から10までの）数を言いましょう。
　………………………………174
1年間、ごくろうさま！ …………127
1年間がんばったね。 ……………127
いちばん好きな曜日は？ …………78

1枚とって、あとはまわしてね。 ……118
1枚とってくれますか？ …………101
1枚とる。あとはまわしてね。 ……118
1歳。 ………………………………177
1週間のうちで、何曜日がいちばん
　好き？ …………………………78
いっしょに言いましょう。算数。 …185
いっしょにかぞえましょう！ ……176
いっしょにスタートしようね。 ……119
言ったとおりでしょ（それみたことか）！
　………………………………30
1分あげるわよ。 …………………181
いつも一生懸命だね。 ……………15
いつもベストをつくしているね。 ……15
今、はやっているものはなに？ ……110
今、行かなければならない人？ ……94
イマイチ。 …………………………45
今さら、やめないで。 ……………24
今のでシールをもらえるわね！ ……14
今のところは、静かにまっててね。 …64
今の日本の首相は＿＿＿です。 ……165
今は英語だけの時間だよね？ ……39
いやー、信じられないわ！ ………29
イヤだわ！ …………………………31
いらしていただいて、感謝しています。
　………………………………157
色を使ったビンゴをしますよ。 ……182
う 上を向いて、ねてくれる？ ………93
動かないでね。 ……………………92
動きをつけてうたってね。 ………85
ウソでしょう？ ……………………30
歌がとっても上手だったわね。 ……85
歌がよかったわ。 …………………85
うだってるわ。 ……………………76
歌といっしょに体を動かせるかな？
　………………………………173
歌をまきもどしてみよう。 ………82

うちの子、今日のゲーム楽しんでました！ …………144	エンピツをかぞえてください。 ……174
うちの子が、努力をしてくれないときは、どうすればいいですか？ ………143	**お** おあいできてうれしいです。 ……65
	お家でも楽しんできてね。 …………121
うちの子が動かないとき、どうすればいい？ ……………143	お絵かきと歌、うちの子はお絵かきのほうが好きです。 ………………142
うちの子は、歌よりお絵かきが好きです。 ………………………142	大汗かいてるわね！ ………………76
うちの子は、ゲームに夢中でした！ ……………………………144	大きくなったらなにになりたい？ …111
	大きな声がいいわ。 ………………107
うちの子は、本の読み聞かせのとき、集中力が足りません。 ………143	大きな声がいいわね。 ……………107
	大文字のBはどこかな？ …………183
うちの子は、本を読み聞かせても聞いてくれません。 …………143	大文字のBはどれかな？ …………117
	大文字のBを指さしてくれますか？
うれしい！ ………………………53	……………………………………117
上着をぬいでね。 …………………63	大文字をなぞりなさい。 …………184
上ばきにはきかえてください。 ………62	お母さんたち、お子さんをあつめてください。 ……………………139
上ばきにはきかえようね。 ………62	
うん。 ………………………187	お母さんにもっていってくれますか？ …………………………146
うん！ ………………………182	
え 英語では下の名前が先だよ。 ……110	おかげで、おわったわね。 ………19
英語の勉強のため、家ではなにをすればいいですか？ ………143	お気に入りのものは何色ですか？ …187
	お行儀よくしてね。 ………………41
Aが答えよ。 ……………………120	おくれてごめんなさい。 …………49
Aが正しい答えです。 ……………120	おくれないようにね。 ……………71
Aグループのみんな、Bグループに質問してね。 ………………181	お子さんをヒザの上においていただけますか？ ………………139
Aではじまる単語はなにかな？ ……183	おサルさんみたいに、動けるかな？
Aは、なんのAかな？ Aはapple（リンゴ）のA。 …………183	……………………………………92
	おサルさんみたいになってみて。 ……92
笑顔でいこう！ …………………26	おしい！ ………………………22
遠足には、どんなおやつをもっていく？ …………………………153	おしゃべりはやめなさい！ ………171
	おすすめ（の人）は？ ……………72
遠足のおやつはなに？ ……………153	おすすめの本のお話をします。 ……141
エンピツ、ちゃんとけずってある？ …………………………………116	おそくなってごめん。 ……………65
	お手伝い感謝するわ。 ……………19
エンピツはけずってこようね。 ……116	お手伝いしましょうか？ …………35
	男、女、男、女、そのように交互にならんでくれるかな？ ………88

男の子と、女の子。2人のリーダーね！
　最高！ ……………………………72
男の子はこちら。女の子はあちら。…87
お友だちと仲なおりできたの？ ……37
お名前は？ ………………………57, 156
お名前を教えてください。 …………156
おばあちゃんにカードを書いています。
　………………………………………132
おばあちゃんに書いてるんだ！ ……132
おはじきであそびましょう！ ………175
おはじきを5つ、床においてね。…175
おはじきをかたづけようね。 ………175
お話の時間です！ ……………………178
お話の時間よ！ ………………………95
おはようございます（おはよう）！ …65
お昼ごはん、おいしかった！ ………148
お昼はなんだった？ …………………169
おもしろい。 …………………………31
おもしろいお話ね！ …………………178
おもしろいわね！ ……………………178
おやつの時間よ！ ……………………94
おやまー！ ……………………………31
おりがみでツルをつくりましょう。
　………………………………………163
おわった！（できた！） ……………51
おわったら座ってね。 ………………179
おわったら見せてね。 ………………189
おわりの時間がきてしまったね。 …172
音楽。 …………………………………186
音楽が好きです。 ……………………186
音楽にあわせて、おどろうね。………91
音楽にあわせてうたいましょう。
　……………………………………83, 173
音楽にあわせておどりましょう。…91

か カードをくばりますよ。 ……………100
カードをまぜよう。 …………………100
カードを1枚ひいて。………………186

カードを1枚ひいて、読んでみましょう。
　………………………………………186
カードを切ってください。 …………100
カードをぜんぶ、うらがえしでおいて
　ください。 …………………………100
カードを使って文を練習しましょう。
　………………………………………186
カードを広げてみましょう。 ………101
カードを広げようね。 ………………101
カードを見てください。 ……………174
買いものごっこする？ ………………102
買いものごっこをしますか？ ………102
書き順に気をつけてね。 ……………184
＿＿＿＿が好きな人を5人さがそう。…162
かぞえましょう。1、2、3… ……174
学校はどうだった？ …………………169
勝った！ ………………………………98
勝ったね！ ……………………………182
カバンにぜんぶ入れてね。 …………149
がまんしてください。 ………………162
紙を切ってね。 ………………………103
画面をふさいで見えないよ。 ………86
彼のじゃまをしないで。 ……………171
考えさせて。 …………………………30
漢字、ひらがなとカタカナで、3通りの
　書き方ができます。 ………………164
完全に忘れてました。 ………………80
がんばってね（幸運を祈る）！ ………26
がんばれ（あきらめるな）……………26
がんばれ（とちゅうでやめるな）！ …26
完ぺきよ！ ……………………………12

き 聞いてください。 ……………………161
聞いてくれているかな？ ……………38
聞いてみよう。 ………………………162
黄色いものをさわってね！ …………180
黄色と青いものをさわって。 ………180
キーワードを聞きとれましたか？ …188

きてくれてありがとう！……………172	今日は、なにが特別なの？…………77
気にいらないわ。……………………31	今日は、なにをするの？……………46
気にしないで。………………………24	今日は、何月何日ですか？…………77
気分がよくないの。…………………56	今日は、ぼくが一番のりだね！……49
今日、タケシ君はカゼでお休みだそうです。……………………………70	今日は、ママとパパが見にくるよ！…135
今日、だれかお休み？………………69	今日は、やる気にならない？………67
（教室に）入っていいですか？………48	今日は、やるムードではない？……67
教室をよごさないでね。……………40	今日は、よく勉強したね。…………123
今日のお天気のこと、調べましたか？……………………………73	今日は雨で残念だね。………………74
今日のお天気はどう？………………179	今日はうれしそうだね。……………57
今日のこと、ママに話してね？……126	今日は風が強いわね。………………73
今日の宿題をおぼえていますか？…172	今日は君が名指揮者（マエストロ）だよ！…………………………85
今日の天気はどう？…………………73	今日は元気？…………………………57
今日の日付は？………………………77	今日はサオリの誕生日です。4歳になりました。……………………177
今日の予定はどんな感じ？…………65	今日は指揮者をやってくれるかな？…85
今日のリーダーになりたい人？…72, 170	今日は身体測定があります。………153
今日のリーダーは赤いTシャツを着ています。………………………170	今日は身体測定があるの、知ってる？……………………………153
今日のリーダーを決めます。………170	今日はスターでしたよ！……………13
今日のリーダーを決めよう。………72	今日はすばらしかったわ！…………13
今日のレッスンのことを、ママに話してね。……………………126	今日は楽しいわよ！…………………170
今日のレッスンをはじめましょうか？……………………………66	今日は天気がよくてうれしいです。…73
今日は、学校の教科についてやります。………………………185	今日は何曜日？………………………77
今日は、がんばったね。……………123	今日はもっと宿題がほしいですか？……………………………81
今日は、きてくださってありがとう。……………………………157	興味がある人、いますか？…………28
今日は、ご両親がクラスにきますよ。……………………………135	今日も1日、元気でね！……………129
今日は、これでおしまいね。………123	今日やったことを、家でもやってくださいね。………………141
今日は、すごいむし暑さだね。……75	ぎりぎりセーフだね！………………59
今日は、だれがお休み？……………69	切りとり線が見える？切ってみよう。……………………………103
今日は、どんな特別な日ですか？…77	きれいに書いてね。…………………184
	気をつけてね。………………………26
	気をつけてね！………………………172

緊張してます。……………………53
く 空欄に文字を書きましょう。………189
グシャグシャだ！……………………105
口元を見つめてね。…………………106
口元を見てよ。………………………106
クツはちゃんとそろえてね。………62
クツはぬいだら、そろえてください。
　………………………………………62
くもり。………………………………179
クラスがそろったかな？……………66
クラスがはじまるまで、静かにまって
　てね。………………………………64
クラスに最初に到着だね。…………59
クラスに道化はいらないのよ。……42
クラスは10分前にはじまっているよ。
　………………………………………67
クラスへようこそ！…………………170
クリスマスカードだすの？…………132
クリスマスカードは書くの？………132
クリスマスキャロルをうたおう。…133
クリスマスの歌をうたうよ。………133
クリスマスは、いつくる？…………78
クリスマスパーティーの準備をしよう！
　………………………………………134
クリスマスまで、あと何日？………78
くるっとまわれる？…………………92
クレヨンもね。………………………176
け ゲームをしましょう。………………177
ケガをした（と思う）の。…………56
ケガをしたら大変でしょう？………39
消しゴム借りていいかな？…………47
消しゴムのかす、ちゅういしてね。…115
消しゴムを使ったら、かすをかたづけ
　てね。………………………………115
月曜日にね。…………………………129
けんかしたければ、外でやってね。…43
けんかはやめてください。…………43

元気？…………………………………65
元気そうね。…………………………65
元気だして！…………………………26
元気だよ。……………………………45
元気でいてね。………………………129
元気ですか？…………………………65
元気でね！……………………………129
元気にしてる？………………………65
ケン君は、今日はいそがしくてこられ
　なかったの。………………………70
ケン君は、ほかにやることがあるの。
　………………………………………70
ケンジ、またあえてよかったわ！…169
ケンダマのあそび方を教えてあげま
　しょう。……………………………163
ケンダマはどうやってやるか、見てね。
　………………………………………163
こ こう言いたいのね？…………………35
こういう意味なの？…………………35
声にだしてはっきり言えるかな？…185
5回ジャンプしましょう。……………174
ごきげんよう！………………………65, 129
黒板きれいかな？……………………149
黒板に書かれているセンテンスを
　写そう。……………………………188
黒板を消してください。……………149
こごえそうよ。ヒーターを入れようね。
　………………………………………76
ここで、おやつの時間にしますよ。…94
ここで「さよなら」をしましょう。
　………………………………………128
午後に、にわか雨がふるかもしれま
　せん。………………………………75
5歳の子は、いるかな？………………177
コスチュームだけど、アイデアない？
　………………………………………130
コスチュームの優勝者をえらんで。…131

ご存じのとおり、日本人は、生の魚も
　食べます。「さしみ」といいます。…165
答えあわせをしましょう。…………189
答えがあってるか見てみようか。……35
（答えを）知ってるよ！……………54
答えをチェックしましょう。………120
こちらですよ。………………………156
こちらにきてください。……………156
こちらのほうが好きだわ。……………17
こっちを向いて、聞いてください。…38
今年の夏の予定は？…………………154
子どもたちが自信をもつように、
　し向けてください。………………159
子どもたちはママのヒザの上ですよ。
　………………………………………139
この／これらの単語をおぼえて
　いますか？…………………………36
この／これらの単語を聞いて、
　わかる人？…………………………36
このアクティビティに必要なものは
　なに？………………………………162
この1年、いい子でしたか？………133
この1年はどうだった？……………128
この1年をどう思いますか？………128
この歌、もっとはやくうたえる？…84
この歌がうたいたい。…………………55
この歌を聞いてください。……………82
このお話、もう知ってる？……………95
このお話は、これでおしまい。……178
この教科はなに？……………………185
この消しゴムのもち主は、立って
　ください。…………………………36
この線で、山折りをしますよ。……105
この本はすばらしい！………………141
この文字がなにか、わかるかな？…183
この文字はなにかな？………………183
この世のものとは思えない。…………31

コマを3つ進めて。…………………102
ゴミはゴミ箱にね。……………………40
ごめんなさい、と言うべきね。………42
ごめんなさい。これきらい。…………55
これ、いいと思わない？………………20
これ、言ってみてください。………158
これ、知ってる？だれか？……………33
これ、知ってる人？……………………33
これ、だれがしたの？…………………41
これ、だれの消しゴムですか？………36
これ、どう思います？………………159
これ、なんと発音しますか？………158
これ、前にやりましたか？……………36
これ、ママにわたしてね。…………125
これ、もらってもいい？………………47
これ、私（ぼく）の！…………………53
これ以上はないわ！……………………12
これが大文字のＡね。………………183
これが最後の警告です。……………162
これから、日本の童謡をうたいます。
　………………………………………165
これから、「ももたろう」の劇を
　します。……………………………165
これから、和太鼓を演奏します。…165
これから、私たちの町の名所を案内
　します。……………………………165
これからお話を読んであげますね。…95
これからカードをくばります。……100
これからテストをはじめます。……118
これは、日本の国旗です。…………165
これは、ユキちゃんにね！…………134
これはいいわ。…………………………20
これは宿題ですよ。…………………121
これはなに？…………………………176
これはなに色ですか？………………181
これは私のテディベアです。………187
これもあなたのおかげよ。……………19

これらはなに色ですか？	181
これを家にもち帰ってください。	125
これをどう思いますか？	159
こわくて、泣きそう！	130
今度、だれの番？	97
今度は、頭と口をさわってみて。	173
今度は、toes（つま先）をぬいて うたおう。	84
今度はうまくいくといいね。	26
今度は小文字をさしてごらん。	184
こんにちは、タナカ先生。	170
こんにちは、ミキ。さあ、入って！	169
こんにちは！	65
こんにちは！ おあいできてうれしい です！	156
こんばんは！	65

さ

さあ。	161
さー、5ページよ。	113
さあ、これを聞いて。	82
さあ、準備をして。	161
さー、準備をしなくちゃね。	64
さあ、チャートを見てね。	180
さあ、まっすぐ立ってね。	90
さー、みなさん、上着はぬいでね。	63
さあ、みんな、いっしょに うたってね！	83
さー、みんな、（クラスの）用意はいい かな？	66
さー、輪になろう。	90
最悪ね！	31
最高の夏を祈る！	154
最高のリーダーだね！	13
サイコロをふって。	101
サイコロをふろうね。	101
最初に到着だね！	59
最初のヒントはなんだっけ？	188

採点してみましょう。	120
サオリちゃんの考え、好きだわ！	16
サオリちゃんは想像力があるわ。	16
昨夜はよく眠れた？	65
桜がきれいですね。「お花見」をしま しょう。	165
さけばなくてもいいのよ。	107
サトウ先生、今朝は元気ですか？	45
サトウ先生、すみません。	46
「サムライ」にあいたい？ 残念、もう いないんですよ。	165
さようなら！	129
3回、手をたたきましょう。	174
3歳。	177
35ページに行きましょう。	113
30秒でやってね。	181
算数。	185, 186
サンタさんから、なにがほしい？	132
サンタさんに、なにを頼んだの？	132
3人で1チームよ。	88
3人のお友だちに質問しよう。	181
3人1組のグループをつくってください。	88

し

シー。静かに。	171
シーッ、さけびっこなしね。	107
CDは楽しかった？	81
CDは毎日聞いたかな？	81
シールです。	172
シェアしてくれて感謝してるわ。	109
次回は、もっとがんばってね。	26
次回は、忘れないよね？	80
次回は忘れないようにしてね。	80
時間がなかったの？	80
時間です！	119
時間はじゅうぶんあるよ。	23
時間はたくさんあるからね。	23
時間ぴったりに到着したね。	59

さくいん

時間割を見て教科を言いましょう。…185
自己紹介させてください。…………110
辞書で調べましょう。……………189
静かにしてくれますか？…………41
静かにね。…………………………41
下の名前が最初だよ。……………110
知ってるわ。………………………30
失敗しちゃったと思う！…………105
（失敗だけど）努力したもんね。………26
失敗は心配しないでいいよ。………25
質問、いいかな？…………………48
質問しあいましょう。……………179
質問に答えてくださいね。………186
質問は？ だれか？………………34
失礼（道をあけてもらうとき）。………66
自分のことを考えなさい。………40
自分の仕事に集中しようね。……40
じゃー、またね。…………………129
ジャコランタンをつくるよ！……131
ジャコランタンをつくろう。……131
シャツがおかしいわね。…………61
ジャンケンで決めてもいい？……96
ジャンケンをしよう！……………96
（10から1に向かって）数を逆にかぞえ
　ましょう。………………………174
12月25日はなんの特別の日かな？…78
12月25日はなんの日？……………78
週末はどうだった？………………58
授業はもうはじまっているよ。……161
宿題、大好きよね？………………81
宿題ですよ。………………………121
宿題はすんでるよね？……………79
宿題はやったけど、家に忘れてきました。
　…………………………………79
宿題やった？………………………79
宿題を家に忘れてきちゃった。……79
宿題をするの忘れた。……………80

宿題を提出してください。………79
宿題をもらえるかな？……………79
出席の返事を、ヒロちゃんのママが
　言ってもいいですよ。…………140
出席をとりますよ。………………68
10分おくれよ！……………………67
10分の休憩をとりましょう。……94
趣味はなんですか？………………157
順番に単語を言っていきましょう。…186
順番を守らなければなりません。…98
準備OKかな？……………………37
準備はいい？……………………175, 182
Show and Tell をしましょう！……187
上手で、ママもおどろいているね！
　…………………………………145
上手にやったね。…………………20
冗談でしょう？……………………29, 30
冗談でしょう！？…………………30
勝負なしね。………………………98
将来の夢はなんですか？…………111
食事すんだの？……………………65
知らないわ。………………………30
白が好き。…………………………181
白です。……………………………181
白と黒です。………………………181
信じられないわ！…………………30
信じるわ。…………………………30
死んでもいやだわ！………………31
心配しないで。……………………24

す
好きな教科はなんですか？………186
好きなことはなんですか？………157
好きなスポーツはなんですか？……111
好きな文字はなに？………………183
すぐに降りて。……………………44
すごい！……………………………171
すごい！ 1位だね！………………153
すごい！ シールをあげます。………14

すごい！優勝者だ！……………153
すごい進歩で、おどろいちゃうわ。…18
すごくいいできよ。………………20
すごくかんたん！…………………51
すこし大きな声でお願い。………108
すこし前進してくれますか？……89
すこし前にでてくれる？…………89
ステキな朝ですね！………………65
ステキなスピーチだったね！……109
すばらしい！……………………171
すばらしい生徒でしたよ！……127
すばらしいプレゼンテーションでした。
　……………………………109
すばらしいリーダーだったよ！……13
すばらしいレッスンでした！……144
すばらしいわ。……………………20
すばらしいわ！…………………171
すばらしかったよ！……………127
すべてうまくいってるかな？……34
すべてうらがえしでいいね。……100
スペルに気をつけてね。…………184
すみません。うちの子、わかってない
　感じです。………………………144
すみません。うちの子は理解してない
　ようです。………………………144
すもうや柔道は、日本の伝統的な
　スポーツです。…………………165
ズルはいけませんよ。………………96
ズルはだめよ。……………………96
座って、楽にしていてね。………169
座ってください。…………………64
座ってもらえますか？……………64

せ 正解よ！………………………17
成功するといいね。………………26
背筋をのばして立ってね。………90
ぜったいダメです！………………31
全員が1枚とったか、確認ね。………118

全員が準備できるまで、まつのよ。……119
先生、疲れてきたわよ。……………42
（先生の言ってること）わかる？……32
先生の説明、わかるかな？………32
先生のレッスンはとても勉強に
　なりました。……………………144
先生役をやりたい人はいますか？…28
線で山折りね。……………………105
ぜんぶなぞれるかな？…………184
ぜんぶもちましたか？…………172
全問正解ですよ。…………………18

そ そう思う？………………………30
そうかもしれないわね。…………31
そうかもね。………………………30
ぞうきんでふいてください。……148
ぞうきんを使うといいよ。………148
「ゾウ」は英語でなに？…………48
そこから降りてちょうだい。……44
そこまでよ！……………………171
そして、あなたのお名前は？……57
そちらは？…………………………33
その答えでまちがいない？………35
その調子で続けてね。……………21
その調子よ。………………………26
その調子よ！………………………26
そのとおり。………………………30
そのとおり。………………………29
そのとおりね。……………………31
そのバンバンの音はなに？………43
そのままよ。………………………92
そのリボン、かわいいわ。………61
そのリボン、にあうわ。…………61
それ、気にいったわ。………20, 31
それ、好き！……………………53
それ、本当なの？…………………29
それ、行け〜！……………………26
それは、ずるいよ！………………52

それは、無理！ …………………51	…………………………………41
それは危険ですね！ ……………39	だれか推薦してくれる？ ………72
それはちがいます。………………31	だれか先生をやりたい人？ ……28
それは近かったわ！ ……………22	だれか手伝ってくれる人？ ……27
そんなこと考えてるの？ ………30	だれかと組んでくれる？ ………88
た 体育が好きです。………………186	だれかぬけてる？ ………………69
だいじょうぶだよ。………………26	だれがむかえにくるのかな？ …125
体操着に着がえてください。 …149	だれかわかった？ ………………188
体操着に着がえる時間だよ！ …149	だれのコスチュームがいちばん
タカシ君、名ふだをあつめてくれる？	よかった？ ……………………131
…………………………………124	だれの番かな？ …………………97
タカシ君、ふだをあつめて。 …124	だれもケガをしないように
だから、どうしたって（なんだって）？	注意しましょう。……………140
…………………………………30	単語と絵を線でむすんでね。…189
タケシ、あなたは？ ……………186	単語を写して書きましょう。…184
タケシ君、聞いてください。 …162	男女交互にならんでください。…88
タケシ君は、カゼでお休み。…70	男女別にならんでね。……………87
タケシ君は、すごい！ 新しい単語を	**ち** ちがう、ちがう、ちがう！ …31
すぐにおぼえちゃう！ ………17	ちがうページだよ。………………113
タケシ君は、単語をよくおぼえるわね。	ちがうページを見ているよ。…113
…………………………………17	近くあいましょう。……………129
助けてくれて、ありがとう。…19	チャレンジしてみてくれる？ …28
助けてくれますか？ ……………158	ちゃんとならんで。……………87
たたかないで！ …………………43	注意事項を聞いてください。…139
正しい答えをえらべますか？ …116	調子はどう？ ……………………170
正しいのをえらんでね。 ………116	朝食は食べたかな？ ……………58
ただただ、感心しちゃうわ。…20	朝食を楽しく食べてきたかな？ …58
ただの遅刻か、お休みか、	ちょっと、まって。……………162
見てみましょう。……………60	ちらかっているわね。…………122
立って！ …………………………177	**つ** 次、出番よ！ …………………97
楽しいクリスマスになりますように！	次に、色についてお話しします。 …187
…………………………………134	次に行ってもいいですか？ 海に住んで
楽しい時間だった？ ……………124	います。………………………188
楽しい夏休みにしてね！ ………154	次のオニさんはだれですか？ …99
楽しかった？ ……………………124	次のクラスであいましょう！ …126
ためしてみよう。…………………22	次のレッスンであいましょう！ …172
だれがしたの？ 名のりでてください。	次は、あなたの番よ。……………97

次は、おくれないでね。…………71
次はなにがおこるかな？…………178
机の上には、なにもなしね。………122
机の上をかたづけてね。…………122
つまらない。…………………………52
つみ木をかたづけてください。……122
つみ木をしまってね。……………122
つめはきちんと切ってありますか？
　………………………………………150
ツリーにかざりつけをしましょう。
　………………………………………133
ツリーにかざりつけをするよ！……133
ツルに挑戦してみる？……………163

て ティッシュでふいてね。……………104
ティッシュを使って、きれいにしてね。
　………………………………………104
ていねいに聞くときはなんて言うの？
　…………………………………………38
テープでとめてね。…………………105
テープでとめる？……………………105
テーマは『私の好きなもの』。………187
テキストには、なにも書きこまないでね。
　………………………………………114
テキストに落書きしないでね。……114
テキストの5ページを開いてください。
　………………………………………113
できましたか？……………………179
できるだけたくさんの人に質問しよう。
　………………………………………162
できると信じているからね。…………26
できると信じてたわ。…………………20
テストをはじめてもいいかな？……118
手伝いたい人は？……………………27
手伝いますか？………………………35
手伝ってくれますか？………………46
手伝ってくれる？……………………27
手伝ってくれる人、いる？…………27

手伝ってくれる人？…………………27
手伝ってほしいのよ。…………………27
では、最初のヒントです。赤いもの。
　………………………………………188
てるてる坊主つくる？………………74
てるてる坊主つるそうか？…………74
（テレビに）近すぎ！…………………86
手をあげて、「はい」と言おうね。……68
手をあげて、「はい」と言ってください。
　…………………………………………68
点線にそって切りましょう。………103

と ドアはちゃんと閉めてくれる？……39
ドアはバタンと閉めないで。…………39
トイレに行ってもいいですか？……56
トイレに行きたい人は？……………94
どうかしたの？…………………34, 65
同感よ。………………………………29
どうしたの？…………………………34
どうして、まだ準備ができていないの？
　………………………………………161
どうぞ。………………………………175
どうぞ、どうぞ。………………………31
どうやるかわからない。………………50
toes（つま先）はとばしてうたってね。
　…………………………………………84
通っていいかな？……………………66
特別なものをもってきてください。…187
時計と同じ方向にまわって。…………93
時計まわりできる？…………………93
とちゅうでやめないで！……………24
どちらが多いかな？………………116
どちらから？………………………157
どちらからいらしたのか、教えて
　ください。…………………………157
とっても元気だよ！…………………45
となりの人と手をつないでください。…89
とにかく、やってみよう！……………21

とにかく、私のまねをしてね。……106
どの色が好き？……………………181
どのぐらいやさしい？ むずかしい？…33
飛ばされないでよ！………………73
トモコちゃんは、いつもやさしいね。…15
トモコちゃんはお友だちにやさしい
　　のよ。……………………………15
友だちの答えを見てはいけませんよ。
　　……………………………………119
友だちは、なにが好き？…………110
友だちはあなたをなんてよぶの？…111
トライしてみたら？………………28
トライしてみる？…………………28
Trick or Treat と言おう！………131
Trick or Treat と言って、おかしを
　　もらおう。………………………131
トレース（なぞり書き）なしで書いて
　　みよう。…………………………184
どれでもとって。…………………101

● な 泣いちゃだめよ。…………………26
長いつめはいやよ！………………150
なぞなぞ遊びができるわ。………102
なぞなぞする？……………………102
夏はなにしてる？…………………154
なに色だか、おしえてね。………180
なに色でぬってもいいわよ。……176
なにかアドバイスは、ありますか？
　　……………………………………159
なにがいちばん楽しかった？……124
なにか質問はありますか？………34
なにか即興でやっていただけますか？
　　……………………………………158
なにか適当にやってもらえますか？
　　……………………………………158
なにか日本語を知ってますか？…163
なにがよかった？…………………124
なにになったの？…………………130

なにになることにしたの？………130
なにをうたいたい？………………83
なにをうたいたい感じ？…………83
なにを着たらいいと思う？………130
なにをやってるか、説明してね。…135
名ふだをください。………………172
名前をよんだら、『はい』と答えてね。
　　……………………………………170
なるほど。…………………………30
なんかシャツがおかしいわね。…61
なんていう話！……………………31
なんですか？………………………30
なんですって？……………………30
なん度言ったらわかるの？………42
なんのスポーツをするのが好き？…111
なんの単語かあててごらん。……188

● に 肉は好きじゃない。…………………112
肉はダメ！…………………………112
日本では、野球とサッカーが
　　2大スポーツです。………………164
日本の首都は東京です。…………165
2ページを開いてください。………176
日本語で言ってもいいですか？……47
日本語でしゃべるのはやめて
　　くださいね。……………………39
日本語でなにか言えますか？………163
にわか雨があるかもね。…………75

● ね ねー、今日は火曜日？……………77
ねえ、ミキちゃん、やめてくださいと
　　言ったよね。……………………162
ネコは何匹いるかな？……………176
ネコをオレンジ色にぬりましょう。…176
ねっころがらないでください。……40
ねて。顔は上を向けて。……………93

● の ノートにキーワードを書いてね。…188
ノゾキはダメ！……………………119
のりでつける？……………………104

のりのキャップ、しめた？ ………104
のりのキャップをしめるのを忘れない
　でね。 ………………………104
のりを使いましょう。 ………104

は _＿＿_は、いくつあった？ ………178
_＿＿_は、なに色だった？ ………178
ハーイ！ ……………………………65
バーイ！（じゃーね） ………129
パーティーの準備、いいわね？ ……134
パートナーと手をつないで。 ………89
はい、テスト終了です。 ………119
ハイ！ ………………………………49
バイバイ！ …………………………129
「バイバイ」のときがきたね！ ………128
ハサミ、気をつけて。 ………103
ハサミで紙を切りましょう。 ………103
ハサミのあつかいには気をつけてね。
　 ……………………………103
走ってはだめですよ。 ………44
はじめはゆっくりでいいわよ。 ……174
はじめまして。おあいできてうれしい
　です。 ……………………156
はじめます。 ……………………161
はじめよう。 ……………………161
はじめる前に単語を読んでみましょう。
　 ……………………………189
走らないで。 ……………………150
走りたかったら、外に行きなさい！
　 ………………………………44
はずかしがらないで。 ………25
はずかしがらないでいいよ。 ………25
バッグは、いつものところにおいてね。
　 ………………………………63
バッグは、いつものところにね。 ………63
はやーい！ ……………………………14
はやいテンポよ！ ………………84
早く済んだわね！ ………………14

早口ことばに挑戦してみる？ ………108
早口で、あそんでみる？ …………108
ハルコちゃんの発音はとてもいいわ。
　 ………………………………16
ハルコちゃんは発音がきれいですね。
　 ………………………………16
ハルコのおはじきをかぞえよう。 …175
晴れ？ それとも雨？ ………179
晴れだ！ うれしい！ ………73
晴れの日には、なにをしますか？ …179
ハンガーを使ってよ。 ………63
ハンカチはどこ？ ………………150
ハンカチはもっていますか？ ………150

ひ 引きわけね。 ……………………98
ヒザ、どうかしたの？ ………60
ヒザ、どうしたの？ ………………60
ビデオ見る？ ……………………86
ビデオを見てくるのを忘れないでね。
　 ……………………………172
ビデオを見ましょう。 ………86
ひどい！ ……………………………31
ひどく汗かいてるわ！ ………76
ヒャー、全問正解だわ！ …………18
ヒャー！ ……………………………31
ヒロちゃんのママが「ハイ」でも
　いいですよ。 ……………140
ピンク色のおはじきをいくつ
　もってる？ ……………175
ビンゴゲームする？ ………………182
ヒント、もらえますか？ …………47

ふ 深く息をすいこんで。 ………93
服は、ハンガーにかけてね。 ………63
ふざけないでね。 ………………41
富士山は、日本でいちばん高い山です。
　 ……………………………165
2つのグループにわかれましょう。 …181
2つのチームにわかれて。 …………162

さくいん

205

2人組になって。	162
＋と－を使うのは、どの教科？	186
「プリーズ」と言えるかな？	38
フリをつけてうたえる？	85
プリント、回収しますよ。	120
プリントを回収します。	120
文章を読んでね。	189
へ ペアをつくってくれますか？	88
ベストをつくしてね。	26
"Head, Shoulders, Knees and Toes"をうたいましょう。	173
ペットの話をしてね。	112
ペットを飼ってますか？	112
ベトベトする日だね。	75
部屋にゴミが多いわね。	122
ヘルプをお願いします。	158
（返事をするときは）私の目を見てね。	171
ほ ぼくが（私が）やるから。	50
ぼく（私）のせいじゃないよ。	52
ポケモンが大好きです。	164
ポケモンは、日本で人気のアニメです。	164
ほとんどおしまいです。	123
ほぼ完ぺきね。	20
ほら、できるよ！	23
ほら、もう1回（挑戦しよう）	26
ほらっ、行きますよ……。	97
ボリュームをあげるよ。	82
ボリュームをアップするよ。	82
盆おどりをいっしょにおどりましょう！	165
本当？	29
本当だって！	54
本当に？	30
本当にいい生徒ね。	13
本当においしかった！	148
本当にすばらしいわ！	20
本当に（そうしたの）？	30
本当にそうね。	30
本当に自慢しちゃうわ！	13
本当よね！	30
本をとじて。	114
本をとじてくれるかな？	114
本をふせておいてください。	114
本をふせてね。	114
本を読んで、読書感想文を書いてね。	154
ま まー、ベストをつくしたからね。	26
前にこの本を読んだことがある人？	95
前にやった？	36
前より上手になったのがわかるわ。	18
マジで？	30
まず、自分のことを紹介しますね。	110
また、いい友だちだよね。	37
また、次回ね！	126
まだ、ねるには早すぎるよ！	40
また、やったね！	20
またー！	31
またあいましょう。	129
またあえてうれしいね。	71
またあおうね。	129
また明日ね。	129
またね！	129
まだビンゴになってない？	182
またやってみる？	37
またやる？	26
まだよばれてない人？	69
また来週。	129
まちがいからおぼえるんだよ。	25
まっすぐ帰るのよ。	126
まっすぐならんで。	87

まったく、そのとおりよ。……………31	3つのヒントをだしますよ。…………188
まったくバカみたいな話ね！ ………31	見ていい？ ………………………48
マドカちゃんは笑顔がステキですね。	みなさんこんにちは！ …………170
…………………………………16	（みなさんの）名前をよびますよ。……68
まねをしてくれる？ ………………91	みなさんも英語でなにか言って
ママが楽しむことが大事です。 ……140	ください。 ……………………141
ママが楽しむと、子どもも楽しみ	みなさんも発言してもらえますか？
ますよ。………………………140	…………………………………141
ママといっしょにできる？ …………145	ミホちゃんの書き方、大好きよ！ …115
ママといっしょにできるかな？ ……145	ミホちゃんは、字がとてもきれいね！
ママとパパがいて、うれしい？ ……135	…………………………………115
ママとパパがいて、うれしいね！ …135	ミホちゃんはがんばるね。…………15
ママとパパに、なにをやっているか	ミホちゃんは努力家ですね。………15
説明してください。……………135	みんな、いい週末だった？ ………58
ママに、「あとでね」と言いましょうね。	みんな、今日も元気かな？ ………57
…………………………………62	みんな、元気？ ……………………57
ママに「バイバイ」できるかな？ …62	みんな1枚とったかな？ …………118
ママにもっていこうね。……………146	みんながんばったね！ ……………182
ママは、「すごい！」って言ってるよ。	みんなここに、いいですか？ ……139
…………………………………145	みんな準備はいいかな？ …………66
ママはむかえにきているかな？ ……125	みんなで言ってみましょう。………107
ママをぎゅっとだきしめて！ ………145	みんなで言ってみようか？ ………107
ママをよろこばせようか？ …………146	みんなで輪をつくりましょう。………90
ママをよろこばそうね。……………146	みんなにシェアしてくれてありがとう。
まわってみて。………………………92	…………………………………109
まわりにあつまってね。……………89	みんなのほうを向いて立ってね。 …109
み 見えない！ ……………………86	みんなのほうを向こうね。…………109
見えません。…………………………55	**む** 向かいあってください。……………90
ミカ、元気？ ………………………169	向かいあってね。……………………90
ミキちゃんはあとできます。…………69	息子／娘はクラスが大好きなんです。
ミキちゃんは今日、遅刻します。……69	…………………………………142
ミクちゃんが、今日からもどって	息子／娘はクラスを楽しんでいます。
きました。………………………70	…………………………………142
ミクちゃんがもどってきた！ ………70	無理をしなくていいからね。………25
みじかい休憩をとりますよ。…………94	**め** メリークリスマス！ ………………134
水を飲みに行っていいですか？ ……56	目を指さしてね。……………………173
3つ前進だね。………………………102	**も** もう、やめた！ ……………………55

もういちど、言ってもらえますか？ ……108	問題なしね？ ……65
もういちど、やってみますか？ ……37	**や** やあ！ ……65
もういちど、読んであげようか？ ……95	野球とサッカーは日本で人気だよ。……164
もう1回、言ってください。……46	約束まもれる？ イエス？ ……146
もう1回、読む？ ……95	約束をまもれる子、手をあげて！ ……146
もう1回？ ……99	野菜は大好き！ ……112
もう1回ね。……108	野菜を食べるのは好きです。……112
もう1回やりたい？ ……99	やさしい？ むずかしい？ ……33
もうじきおわるからね。……123	ヤッター！ ……51
もうすこし、きれいに書いてね。……115	やったね！ ……20
もうすこし、きれいに書けると思うけどなあ。……115	やってみたい人はいる？ ……180
	やってみたら？ ……21
もうすこし大きな声でうたってくれる？ ……83	やってみよう。……21
	やってみよう！ ……21
もうすこし大きな声で話せますか？ ……108	やっても損はないわね。……22
	やめなさい！ ……162
もうすこしだよ。……26	やらせて！ 私（ぼく）にやらせて！ ……50
もうちょっとだよ！ ……26	
文字を指さしながら、うたいましょう。……183	やるべきことをやるだけね。……26
	ゆ ユウジくん、今日は早い！ ……58
文字を指でおいながら読みましょう。……189	ユウジくん、今日は早くきたんだね？ ……58
もちものをカバンに入れてね。……149	床に座ろうね。……178
もちろん。……31	ユキちゃんに、クリスマスプレゼントよ。……134
もちろん、ちがいます。……31	
もちろんです。……31	ゆっくりやっていいよ。……22
もっと、大きくね。……83	**よ** よい週末を（すごしてね）！ ……129
もっとまじめにしてくれる？ ……42	用意はいい？ はじめ！ ……181
もどしてくれる？（返してくれる）……67	用意はいいかな？ ……37, 97
もどって、もう1回ね。……82	よかった。ちょうど間にあったね。……59
もどってきてうれしい？ ……71	よかったね！（楽しかったね）……54
もどってこられて、おめでとう！ ……71	よかったわ！ ……20
元の場所にもどしてくれる？ ……67	よくお話を聞くわね！ ……19
「モンキー」のスペルわかる？ ……117	よくできたね。……20
「モンキー」はどうつづるの？ ……117	よくやったね。……20
問題なし？ ……34	横ならびですよ。……87

横にならんで。	87
よっ！	65
4つカウントしたら、うたってね。	84
読みおわったら、感想文を書いてね。	154
読み書きも教えていただけますか？	142
読み書きも教えてください。	142
より道しちゃだめよ。	126
4歳のお友だちは立って！	177

ら
来年もがんばって。	127
来年もがんばってね。	127
乱暴にしないで。	43
乱暴はこまるわよ。	43

り
リーダー、出席をとってくれますか？	68
リーダー、名前をよんでくれますか？	68
リーダーが2人って、ありかな？	72
理科。	185
理解できた？	30
リサちゃんは、まだ到着してません。	60
リサちゃんはどこ？	161
リサちゃんはまだですよ。	60
両手をあげて。	91
リンゴを3つ描いてみよう。	176

る
ルールはわかった？	32
ルールはわかったわね？	32
ルールを聞いていただけますか？	139

れ
レッスンの準備をさせてね。	64
レッスンは、これでおしまい。	123
（レッスンを）はじめましょうか？	170
練習帳に apple って書いてみましょう。	184
練習問題は、35ページにのってますよ。	113

ろ
ろうかでは走らないで。	150

わ
わー、間一髪だ！（ちょうど間にあった）	59
わー、どうしよう!?	52
ワークブックをだしてください。	176
わかったと思う。	49
わかったわね？	32
わかってます。	31
わかってもらえればいいの。	171
わからないところはありますか？	189
わからなかった。	50
わかりました。	31
わかりましたか？	32
わかる？	30
忘れもの、しないでね。	125
忘れものはないようにね。	125
私、それ好き！	20
私、とてもこわい！	130
私が最初にやってみますね。	187
私が見える？	178
私が4つかぞえてから、うたうのよ。	84
私たちは、3種類の文字を使っています。漢字、ひらがな、それにカタカナです。	164
私と同じようにしてみてね。	91
私とそっくりにやって。	106
私のあとについて言ってみて。	106
私の勝ち！	98
私の好きな教科は音楽です。	186
私のテディベアは茶色いです。茶色です。	187
私のまねをしてくれるかな？	106
私のまわりにあつまってね。	89
輪になって。	177
わりこみは、なしよ。	98

を
＿＿＿をもっている人をさがそう。	162

英語さくいん

A
- A boy and a girl. Two leaders! Great! ……72
- A chair is for sitting, not standing! ……44
- A few steps forward, okay? ……89
- "A" is the answer. ……120
- A sideways line, please. ……87
- A very good speech! ……109
- Absolutely. ……31
- Absolutely not! ……31
- All cards facing down, alright? ……100
- All your answers are correct. ……18
- Almost! ……22
- Almost there. ……26
- Alright, jackets off, everybody. ……63
- Amazing! ……171
- And your name is? ……57
- And yourself? ……33
- Any five-year olds here? ……177
- Any problems here? ……34
- Any questions? Anyone? ……34
- Any rain lovers? ……74
- Any suggestions? ……72
- Any volunteers? ……27
- Anybody absent today? ……69
- Anybody not called yet? ……69
- Anything we can do at home? ……143
- Are you all ready? ……66
- Are you happy to be back? ……71
- Are you happy your mom and dad are here? ……135
- Are you interested? ……28
- Are you "it" next ? ……99
- Are you listening? ……38
- Are you ready? ……97, 182
- Are you ready for the next one? It lives in the ocean. ……188
- Are you ready for the test? ……118
- Are you ready now? ……37
- Are you sure about your answer? ……35
- As you know, we Japanese love to eat raw fish. We call it sashimi. ……165
- Ask as many people as possible. ……162
- Ask each other questions. ……179
- Ask three friends questions. ……181

B
- Bags go to the usual place, okay? ……63
- Baseball and soccer are big in Japan. ……164
- Baseball and soccer are two major sports in Japan. ……164
- Be careful with your scissors. ……103
- Be good! ……129
- Better luck next time. ……26
- Boys this side. Girls that side. ……87
- Breathe deeply. ……93
- But it's true! ……54
- By all means. ……31
- Bye! ……129
- Bye for now. ……129
- Bye-bye! ……129

C
- Can I ask a question? ……48
- Can I borrow your eraser? ……47
- Can I go drink water? ……56
- Can I have this? ……47
- Can I have your homework? ……79
- Can I have your name tags? ……172
- Can we decide by Rock, Paper, Scissors? ……96
- Can we decide by singing "Eenie, Meenie, Miny, Moe"? ……96
- Can we have a pair of leaders? ……72

Can you be quiet, please?	41
Can you change into gym clothes?	149
Can you change into indoor shoes?	62
Can you choose the correct answer?	116
Can you clean up with a rag?	148
Can you clear your desktop?	122
Can you close the book now?	114
Can you close the door properly?	39
Can you come this way?	156
Can you dance with us? It's Bon odori!	165
Can you do exactly like me?	106
Can you find the capital letter "B"?	183
Can you follow me?	91
Can you form a team of three people?	88
Can you give me a hint?	47
Can you guess what it is?	188
Can you help me?	158
Can you help, please?	46
Can you improvise something?	158
Can you keep a promise? Yes?	146
Can you lie down facing up?	93
Can you listen to these rules?	139
Can you make a pair?	88
Can you make up something here?	158
Can you move around like a monkey?	92
Can you move your body while singing?	173
Can you name this letter?	183
Can you pick the winner in costumes?	131
Can you place your child on your lap?	139
Can you point at capital B?	117
Can you pronounce this?	158
Can you put it back?	67
Can you recommend anyone?	72
Can you repeat after me?	106
Can you repeat that again?	108
Can you return it to its original position?	67
Can you review what we did today at home also?	141
Can you say anything in Japanese?	163
Can you say, "Bye-bye!" to Mommy?	62
Can you say it again?	46
Can you say it all together?	107
Can you say, "Please"?	38
Can you say something in English, too?	141
Can you see me?	178
Can you sing this faster?	84
Can you sing with some actions?	85
Can you speak up?	185
Can you speak up a little?	108
Can you speak up also?	141
Can you spell "monkey"?	117
Can you stand facing the class?	109
Can you step forward a little?	89
Can you take one and pass the rest?	118
Can you take one card?	101
Can you take this home?	125

Can you take this to your mother? ··146
Can you talk a bit louder? ·········108
Can you teach reading and writing also? ································142
Can you team up with someone? ···88
Can you trace them all? ···············184
Can you try to be more serious? ···42
Can you try to be the conductor today? ·······························85
Can you try to challenge it? ········28
Can you try to sing a bit louder?···83
Can you turn around? ·················92
Can you turn clockwise?················93
Can you wait quietly until class begins? ······························64
Can you write "apple" in your notebook? ································184
Can't see! ····································86
Change into indoor shoes, okay?···62
Cheer up! ····································26
Children on Mom's lap, please. ···139
Choose the right answer now. ···116
Class has already started. ············161
Class is now in session. ················161
Class started ten minutes ago.······67
Clean up the wooden blocks, please. ································122
Close the book. ·························114
Collecting your paper now. ········120
Come down right away, now. ······44
Come on! ····································31
Come on, everybody, sing along now! ································83
Come on, everybody! Ready for today's class? ·····················66
Come on, you can do it! ·············23

Come on. Go! ·······························26
Come on. Try again. ·····················26
Connect the words and the pictures. ································189
Copy and write the words. ·········184
Copy the sentences from the board. ································188
Couldn't be better! ······················12
Count backwards (from ten to one). ································174
Count your pencils. ·····················174
Crayons, too. ·····························176
Cut along the dotted line.············103
Cut the paper, alright? ···············103
Cut the paper with scissors. ······103
D Dance along with the music. ·······91
Dance with the music, alright? ······91
Decorating the Christmas tree now! ································133
Did everybody have a nice weekend? ································58
Did we do this before? ·················36
Did you cap the glue? ················104
Did you check the weather today? ···73
Did you do your homework? ·········79
Did you eat your breakfast? ·········58
Did you enjoy eating your breakfast today? ································58
Did you enjoy yourself?················124
Did you get BINGO yet? ·············182
Did you have a great time? ·········124
Did you hear the key word?·········188
Did you make up with your friend? ································37
Did you play the CD every day? ···81
Did you practice at home? ···········81
Did you really?! ···························30

212

Did you say, "Thank you"? ········38
Did you sleep well last night? ······65
Did you understand? ···················32
Do this at home also, okay? ······141
Do together with Mom? ············145
Do what you have to do now. ······26
Do you follow me? ·······················32
Do you have a nickname? ············111
Do you have any advice? ············159
Do you have any pets? ················112
Do you have any questions? ···34, 189
Do you have everything? ············172
Do you have your handkerchief?
 ···150
Do you know any Japanese words?
 ···163
Do you know what happens next?
 ···178
Do you mean that? ····················29
Do you need some help? ··············35
Do you recognize this word/these
 words? ····································36
Do you remember this word/these
 words? ····································36
Do you see it? ··························30
Do you think you can do it together
 with Mommy? ························145
Do you understand my explanation?
 ···32
Do you understand the rules? ······32
Do you want me to read this once
 again? ····································95
Do you want more homework today?
 ···81
Do you want to make "Teru-Teru
 Bozu"? ···································74
Do you want to make your mommy

happy? ································146
Do you want to play BINGO? ······182
Do you want to play the shopping
 game? ··································102
Do you want to try a tongue-twister?
 ···108
Do you want to try again? ············99
Do you want to try it again? ·········37
Do you write Christmas cards? ···132
Does anyone want to be a teacher?
 ···28
Don't be late, okay? ·····················71
Don't be shy now. ·······················25
Don't bother him. ····················171
Don't cheat, okay? ······················96
Don't copy your neighbor's answers.
 ···119
Don't cry now. ··························26
Don't forget anything. ···············125
Don't forget to cap the glue. ······104
Don't forget to watch the video. ···172
Don't forget your belongings. ······125
Don't get blown away! ··················73
Don't give up. ························182
Don't lie down, please. ··················40
Don't move, okay? ·····················92
Don't run, please. ·······················44
Don't scribble in your book. ······114
Don't sing "toes" this time. ········84
Don't sit so close to the TV. ·········86
Don't stop by anywhere, okay? ···126
Don't stop halfway! ···················24
Don't stop now. ························24
Don't worry about it. ···················24
Don't worry about making mistakes. ···25
Don't write anything in your textbook.
 ···114

213

Don't you feel like doing it today? ···67
Don't you think this is nice? ········20
Drawing and singing—my son/daughter likes drawing better.·················142
E Eenie, Meenie, Miny, Moe? ············96
Enjoy your work at home also. ···121
Erase the blackboard, please.·······149
Everybody did a great job! ·········182
Everybody has a copy? ··············118
Everybody here, alright? ············139
Everything alright? ·····················65
Everything in your bag, okay? ···149
Exactly. ·····································30
Excuse me. ································66
Excuse me, Ms. Sato. ················46
Explain what we are doing, okay?·······························135
F Face each other now. ················90
Faster tempo now! ······················84
Fill in the blanks with the letters.·······························189
Find a blue bag! ······················180
Find a red and blue bag. ··········180
Find a red bag and a blue pen. ···180
Find five people who like ____. ···162
Find the person with the ____. ···162
Finish this off at home, okay? ···121
Finished? ·································179
Finished! ···································51
Finished eating yet? ····················65
For that you can get a sticker!······14
Form a straight line.·····················87
Four-year-old children, stand up!·······························177
Funny story! ···························178
G Get around me now. ················89
Get down from there, please. ·····44

Get in pairs. ·····························162
Get ready for the party, alright?·······························134
Give it a try. ·······························21
Give this to your mommy, okay? ···125
Give your mommy a big hug! ······145
Glad to see you. ························65
Go for it! ····································21
Go straight home. ····················126
Good afternoon! ·························65
Good boy/girl this past year? ···133
Good day! ································129
Good evening!····························65
Good idea! ·································12
Good luck! ·································26
Good luck in your new school year.·······························127
Good luck next year, too. ···········127
Good morning! ··························65
Good thinking! ···························12
Good work. Nice going! ···············21
Good work this past year! ········127
Good. You're just in time. ·········59
Good! You're getting better every day! ································18
Goodbye! ·································129
Good/Nice job. ··························20
Good/Nice work. ························20
Greetings! ·································65
Group A, now ask Group B.·········181
Guess the word. ······················188
H Hang in there.·····························26
Hang on! ···································26
Hang your clothes on hangers.······63
Happy that Mom and Dad are here?·······························135
Have a great summer! ··············154

Have a nice day!	129
Have a nice weekend!	129
Have a wonderful summer vacation!	154
Have fun at home, too.	121
Hello!	65
Hello, everyone!	170
Hello, Miki. Come on in!	169
Hello, Ms.Tanaka.	170
Hello! Nice to meet you!	156
Here!	49
Here is your sticker.	172
Here you are.	175
Here's a (Christmas) present for you, Yuki.	134
Here's the first hint. It's red.	188
He/she was thrilled with the game!	144
Hey!	65
Hey, Miki, I asked you to stop.	162
Hi!	65
Hiro's mom can say, "Here!"	140
Hiro's mother can answer the roll call.	140
Hold hands with your partner.	89
Hold it.	92
Hold it down with tape.	105
Hold on just a minute.	162
Hold your mommy tight!	145
Homework's done, right?	79
Honest?	30
Honestly?	30
Hope it's nice tomorrow.	75
Hope you succeed.	26
How about you?	33
How about you, Takeshi?	186
How are you?	65

How are you doing?	65
How are you feeling today?	170
How are you this morning, Ms. Sato?	45
How are you today?	57
How are you, everybody?	57
How are you, Mika?	169
How come you're not ready?	161
How did you enjoy the CD?	81
How do you do? Nice to meet you.	156
How do you pronounce this?	158
How do you spell "monkey"?	117
How easy? How difficult?	33
How interesting!	178
How many cats are there?	176
How many do you want to line up?	175
How many (marbles) do you have?	175
How many more days till Christmas?	78
How many pink marbles do you have?	175
How many times do I have to tell you?	42
How many ___ were there?	178
How old are you?	177
How was school?	169
How was your school year?	128
How was your weekend?	58
Howdy!	65
How's everybody today?	57
How's everything?	65
How's the weather today?	73, 179
I agree.	29
I appreciate your help.	19
I believe you.	30

I can see that you're doing better now. ……18	I like white. ……181
I can't believe that! ……30	I like your big smile. ……16
I can't see. ……55	I like your handwriting, Miho! ……115
I did my homework, but I forgot it at home. ……79	I like your new shoes. ……61
I didn't get it. ……50	I like your progress. ……18
I don't know. ……30	I liked that. ……20
I don't know how to do it. ……50	I liked your singing. ……85
I don't like meat. ……112	I love vegetables! ……112
I don't like that. ……31	I messed up! ……105
I don't like this. Sorry. ……55	I need a helping hand. ……27
I don't want to be a Popsicle. Heater, please! ……76	I need some help now. ……27
I don't want you to get hurt! ……39	I need to get ready now. ……64
I forgot about it completely. ……80	I need your help here. ……158
I forgot to do my homework. ……80	I see. ……30
I hear you. ……31	I think he/she was enjoying today's game! ……144
I hope it clears up tomorrow. ……75	I think I got it. ……49
I hope you understand. ……171	(I think) I hurt myself. ……56
I knew you could do it. ……20	I think I made a mistake! ……105
I know. ……30	I think that's enough! ……171
I know Mom is saying, "Wow!" ……145	I think you can write a bit more nicely. ……115
I know (the answer)! ……54	I think you must say, "I'm sorry." ……42
I know you always work hard. ……15	I think you should apologize. ……42
I know you can do it. ……26	I understand. ……31
I left my homework at home. ……79	I want boys and girls to form two lines. ……87
I like music. ……186	I want to collect your paper now. ……120
I like P.E. ……186	
I like P.E./My favorite subject is P.E. ……186	I want to sing this song. ……55
I like Saori's ideas! ……16	I want you to line up, boy, girl, boy, girl…in that order, okay? ……88
I like that. ……31	I want you to sing louder. ……83
I like that! ……20, 53	I will count to four and you then sing. ……84
I like that loud voice. ……107	
I like this better. ……17	I will give you three hints. ……188
I like to eat vegetables. ……112	I will introduce myself first, okay? ……110

I will now distribute some cards.	100
I will teach you how to play "Kendama".	163
I win!	98
I won!	98
If moms have fun, kids will have fun, too.	140
If you want to fight, go outside, okay?	43
If you want to run, go outside!	44
I'll be seeing you.	129
I'll do it.	50
I'm boiling.	76
I'm feeling great!	45
I'm getting tired of this.	42
I'm glad it's a nice day today.	73
I'm glad to see you.	65
I'm going to call out your names.	68
I'm going to quit!	55
I'm going to sing a Japanese children's song.	165
I'm here first today!	49
I'm impressed with your progress.	18
I'm nervous.	53
I'm not feeling well.	56
I'm now going to read you a story.	95
I'm okay.	45
I'm proud of this class!	128
I'm so happy!	53
I'm so proud of you!	13
I'm so scared!	130
(I'm) Sorry I'm late.	49
I'm taking attendance now.	68
I'm three.	177
I'm writing a card to Grandma.	132
I'm writing to Grandma!	132
In English, you have to say your first name, first.	110
Interesting.	31
Is everything alright?	34
Is it easy? Is it difficult?	33
Is she late today? Or, is she absent today?	60
Is that right?	30
Is that so?	30
Is that what you're thinking?	30
Is the blackboard all erased?	149
Is the whole class here?	66
Is this what you mean?	35
Is this what you want to say?	35
Is your mother here to pick you up?	125
Isn't that so?	30
It doesn't hurt to try.	22
It's a draw.	98
It's almost perfect.	20
It's cloudy.	179
It's freezing in here. Let's turn on the heater.	76
It's hot.	76
It's important that mothers have fun.	140
It's messy here.	122
It's mine!	53
It's no fun.	52
It's not my fault.	52
It's not your fault.	24
It's not your responsibility.	24
It's out of this world.	31
It's Saori's birthday today. She's four years old now.	177
It's so easy!	51
It's sticky today.	75

It's story time! ·················95
It's very humid today. ············75
It's very windy today. ············73
It's white. ·····················181
J Jump five times. ················174
Just copy what I do, okay? ········106
Keep on smiling! ················26
K Ken has something else to do. ······70
Ken is busy today and could not come. ························70
Know this? Anyone? ·············33
Know this story already? ·········95
L Leader, can you call out names? ···68
Leader, can you take attendance, please? ·····················68
Lesson's now finished. ············123
Let me choose today's leader. ·····170
Let me get ready for the lesson. ···64
Let me introduce myself. ··········110
Let me recommend a book. ········141
Let me show you how, first. ········187
Let me think. ···················30
Let me! Let me do it! ············50
Let us show you some famous places in our town. ···············165
Let's check your answers. ········120
Let's choose today's leader. ·······72
Let's clap three times. ············174
Let's color the cats orange. ·······176
Let's count Haruko's marbles. ·····175
Let's count. One, two, three... ····174
Let's count together! ·············176
Let's decorate the Christmas tree. ························133
Let's do Rock, Paper, Scissors! ····96
Let's do Show and Tell! ··········187
Let's face the class, okay? ········109

Let's get started. ················161
Let's go! ······················21
Let's learn new words. ···········185
Let's listen. ···················162
Let's make a circle now. ··········90
Let's make a jack-o'-lantern. ······131
Let's make an origami crane. ·····163
Let's make two groups. ··········181
Let's mark your paper now. ·······120
Let's play a game. ··············177
Let's play marbles! ··············175
Let's point at the letters and sing. ·····························183
Let's practice the sentences using the cards. ····················186
Let's prepare for the Christmas party! ·······················134
Let's read the words before we start. ·······················189
Let's rewind the song. ············82
Let's say it together. ·············107
Let's say it together. Math. ········185
Let's say, "Sayonara" here. ·······128
Let's say, "Trick or Treat"! ········131
Let's see if she is just late or absent. ·····························60
Let's see if your answer is correct. ·····························35
Let's sing Christmas carols. ······133
Let's sing "Head, Shoulders, Knees and Toes." ··················173
Let's sing the ABC Song. ··········183
Let's spread the cards. ···········101
Let's study the alphabet. ·········117
Let's throw the dice. ·············101
Let's try it. ····················22
Let's try to listen. ···············162

Let's turn up the volume. 82
Let's use some glue. 104
Let's watch a video. 86
Lie down. Face up. 93
Line up nicely. 87
Line up your shoes neatly, okay? ...62
Lisa hasn't arrived yet. 60
Lisa is not here yet. 60
Listen to this now. 82
Look at me (when you answer). ...171
Look at my mouth. 106
Look at the cards. 174
Look at the chart now. 180
Look at the class schedule and say
   the subjects. 185
Lovely morning! 65
Lunch was delicious! 148

M Make a circle. 177
Make Mommy happy, okay? 146
Make sure everyone has a copy.
  118
Make sure your nails are nicely
   trimmed. 150
Make sure your pencils are
   sharpened. 116
Make two teams. 162
Making a jack-o'-lantern now! ...131
Marvelous! 171
Math. 185, 186
May I ask where you are from? ...157
May I come in? 48
May I go to the restroom? 56
May I have your name? 156
May I pass, please? 66
May I say it in Japanese? 47
May I see? 48
Maybe. 30

Maybe so. 30
Meat isn't for me! 112
Merry Christmas to you! 134
Miho is a hard worker. 15
Miki is coming later. 69
Miki will be late today. 69
Miku is back from today. 70
Miku's back! 70
Mix up the cards. 100
Mothers, could you gather your
   children? 139
Mountain fold at the line, okay? ...105
Move forward three. 102
Move three positions. 102
Mt. Fuji is the highest mountain in
   Japan. 165
Music. 186
My child does not listen when I read
   to him/her. 143
My child lacks concentration when I
   read him/her a book. 143
My costume. Any ideas? 130
My favorite subject is music. ...186
My son/daughter enjoys his/her
   class. 142
My son/daughter likes drawing more
   than singing. 142
My son/daughter loves his/her class.
  142
My Teddy Bear is brown. It's brown.
  187

N Naturally. 31
Need any help here? 35
Never give up! 23
Nice and loud. 107
Nice day today. 65
Nice day, isn't it? 65

Nice day, yes? ·················· 65
Nice score! ·················· 14
Nice to see you! ·················· 65
Nice try anyway. ·················· 26
No banging, please! ·················· 43
No cheating, please. ·················· 96
No clowns in the class, please. ······ 42
No contest. ·················· 98
No cutting, okay? ·················· 98
No fighting, please. ·················· 43
No peeping! ·················· 119
No problem? ·················· 34
No rough play, please. ·················· 43
No running, please. ·················· 150
No rush. ·················· 23
No, I can't believe it! ·················· 29
No, no, no! ·················· 31
Not in the mood today? ·················· 67
Not so good. ·················· 45
Not to worry. ·················· 24
Nothing on the desktop, okay? ··· 122
Now it's time to say goodbye. ······ 172
Now, point to the small letters. ··· 184
Now, touch your head and mouth.
·················· 173
Now, we're going to talk about color.
·················· 187

O Of course. ·················· 31
Of course not. ·················· 31
Oh, I forgot! ·················· 54
Oh, my! ·················· 31
Oh, my goodness! ·················· 31
Oh, no! ·················· 31
Oh, no! What shall I do?! ·················· 52
Oh, this is so much better! ·················· 17
Oh, you're so great! ·················· 20
OK. ·················· 187

Okay. ·················· 161
Okay, get ready. ·················· 161
Okay. Stand up straight now. ·········· 90
Okay. The exam is over. ·················· 119
Once more, okay? ·················· 108
One year old. ·················· 177
Open the textbook to page 5. ······ 113
Open to page 2. ·················· 176
Over my dead body! ·················· 31

P Page 5 now, okay? ·················· 113
Pardon? ·················· 30
Passing out some cards now. ······ 100
Perfect! ·················· 12
Phew! ·················· 31
Physical today, you know? ·········· 153
Pick one card. ·················· 186
Play the shopping game? ·················· 102
Please answer my question. ·········· 186
Please be patient. ·················· 162
Please behave yourself. ·················· 41
Please bring something special. ··· 187
Please clean up after you use your
   eraser. ·················· 115
Please come around me. ·················· 89
Please concentrate on your own
   work. ·················· 40
Please do not trash the classroom. ··· 40
Please don't be rough. ·················· 43
Please don't force yourself. ·········· 25
Please don't run in the hallway. ··· 150
Please don't bang the door shut. ······ 39
Please don't speak Japanese now.
·················· 39
Please don't stand on the chair. ··· 44
Please encourage them with "Nice!"
   and "Great!" ·················· 159
Please explain to Mom and Dad what

we are doing. ……………………135
Please face each other. ……………90
Please hand in your homework. …79
Please handle your scissors
　carefully. ………………………103
Please hold hands with someone next
　to you. ……………………………89
Please keep up the good work. ……21
Please line up sideways. ……………87
Please listen. ………………………161
Please listen to these instructions.
　……………………………………139
Please listen to this song. ……………82
Please make a circle. ………………90
Please make sure nobody is hurt. …140
Please mind your own business. …40
Please raise your hand and say,
　"Here." ……………………………68
Please stand up straight. ……………90
Please take your seat. ………………64
Please teach reading and writing
　also. ………………………………142
Please try to encourage the children.
　……………………………………159
Please try to write a bit more nicely.
　……………………………………115
Please use hangers. …………………63
Plus and minus are used in which
　subject? …………………………186
Point at the words as you read them.
　……………………………………189
Point to your eyes. …………………173
Pokemon is a famous cartoon in
　Japan. ……………………………164
Pretend you're a monkey. …………92
Put all cards facing down. …………100
Put away the blocks, alright? ……122

Put five marbles on the floor. ……175
Put these marbles away. …………175
Put your book face-down, please.
　……………………………………114
Put your chip on red. ………………182
Put your hands up. …………………91
Put your things in your school bag.
　……………………………………149

R Raise your hand and say, "Here,"
　okay? ………………………………68
Raise your hands. …………………91
Read a book and write a book report,
　okay? ……………………………154
Read one more time? ………………95
Read the sentences. ………………189
Ready! ………………………………182
Ready now? …………………………37
Ready to play? ……………………175
Ready to watch a video? ……………86
Ready, get set. ………………………97
Ready? Go! …………………………181
Really? ………………………………29
Red. …………………………………180
Remember today's homework? …172
Repeat what I say, okay? …………106

S Safety first, okay? …………………140
Saori has a good imagination. ……16
Say that again. ………………………30
Say the numbers (from one to ten).
　……………………………………174
Say, "Here!" when I call your name.
　……………………………………170
Say, "How old are you?" and roll the
　ball. ………………………………177
Say, is it Tuesday today? …………77
Say, "See you later" to Mommy,
　okay? ………………………………62

Say, "Trick or Treat" and get some sweets. ……131
Science. ……185
See?! ……30
See if your answers are correct. ……189
See the dotted line? Cut here. ……103
See you! ……129
See you again. ……129
See you next class! ……126, 172
See you next time! ……126
See you next week. ……129
See you on Monday. ……129
See you soon. ……129
See you tomorrow. ……129
Sending Christmas cards? ……132
Shall we start? ……170
Shall we start today's lesson? ……66
Shh. No shouting, okay? ……107
Shh. Quiet, please. ……171
Show me when you're done. ……189
Shuffle the cards. ……100
Silence, please. ……41
Sing along with the music. ……83, 173
Sing with movement, okay? ……85
Sit down and relax, okay? ……169
Sit down when you're done, alright? ……179
Sit on the floor now. ……178
Skip "toes" now. ……84
Snack time! ……94
So good to see you, Kenji! ……169
So happy to see you again. ……71
So long! ……129
So nice to see you. ……65
So scared I could cry! ……130
Something's wrong with your shirt. ……61
Sorry it's raining today. ……74
Sorry, I'm late. ……65
Sorry. I don't think he/she follows. ……144
Sorry. I don't think my child understands. ……144
Spread out the cards, okay? ……101
Stand up! ……177
Stay well. ……129
Stick it on with glue? ……104
Stop chatting! ……171
Stop fooling around, please. ……41
Stop that! ……162
Store your bags in the usual place. ……63
Story time! ……178
Sumo and judo are traditional Japanese sports. ……165
Sunny? Rainy? ……179
Sunshine! I'm happy! ……73
T Takashi, can you collect the name tags? ……124
Takashi, collect the tags? ……124
Take a deep breath now. ……93
Take any card. ……101
Take care! ……129, 172
Take it easy. ……26
Take off your jacket now. ……63
Take off your shoes and line them up nicely. ……62
Take one card and read it. ……186
Take out your workbook. ……176
Take this to your mommy, alright? ……146
Take turns and say the words. ……186
Take your time. ……22

Takeshi will be absent with a cold today.	70
Takeshi, please listen.	162
Takeshi's absent with a cold.	70
Talk to your mom about today, okay?	126
Tell me about your pets.	112
Tell me what color they are.	180
Tell your mommy about today's class, alright?	126
Terrible!	31
Thank you.	172, 175
Thank you for coming!	172
Thank you for coming today.	157
Thank you for helping.	19
Thank you for sharing it with us.	109
Thanks to you, we finished.	19
That can be dangerous!	39
That ribbon looks good on you.	61
That was a very good presentation.	109
That was close!	22
That was good!	20, 54
That was quick!	14
That was very good!	148
That's a crazy story!	31
That's all for today.	123
That's awful!	31
(That's) Not fair!	52
That's not possible!	51
That's not true.	31
That's quite correct!	17
That's right.	29
That's the way to go!	26
That's very true.	30
The best leader!	13
The cherry blossoms are beautiful. Shall we go see them?	165
The correct answer is "A".	120
The exercise is on page 35.	113
The Japanese prime minister's name is ____.	165
The owner of this eraser, please stand up.	36
The theme is "My favorite thing."	187
There's a lot of trash in the room.	122
There's no need to rush.	23
There's plenty of time.	23
They are white and black.	181
This is a great book!	141
This is all thanks to you.	19
This is English-only time, right?	39
This is for you, Yuki!	134
This is going to be your homework.	121
This is good.	20
This is my final warning.	162
This is my Teddy Bear.	187
This is the capital letter "A".	183
This is the end of the story.	178
This is the Japanese flag.	165
This is your homework.	121
This way, please.	156
Three people make a team, okay?	88
Time to change into gym clothes now!	149
Time to say, "Bye-bye"!	128
Time's up!	119
Today's class is about school subjects.	185

Today's leader is wearing a red T-shirt. ……………………170
Tokyo is the capital of Japan. …165
Tomoko is always kind. ……………15
Tomoko is kind to her friends. ……15
Too bad it's raining. …………………74
Too busy, right? ……………………80
Too early for your bedtime! …………40
Toss the dice. ………………………101
Touch something yellow! …………180
Touch something yellow and blue. ……………………………………180
Touch your head. …………………173
Trace the capital letters. …………184
Trash goes in the trash can. ………40
Try again? …………………………99
Try and see what happens. ………28
Try harder next time, okay? ………26
Try not to be late next time. ………71
Try not to forget next time, alright? ……………………………………80
Try to do the same as I do. ………91
Try to draw three apples. …………176
Try without tracing. ………………184
Try your best. ………………………26
Turn around now. …………………92
Turn in the direction of the clock. ……………………………………93
Turn to page 35. …………………113

U Uh-oh. We have a small problem here. ………………………162
Use any color you like. ……………176
Use tissue paper to clean up. ……104

V Very good. …………………………20
Very nice lesson! …………………144
Very, very good. ……………………20
Volume up, okay? …………………82

W Wait quietly for now, okay? ………64
Want to do a tongue-twister? …108
Want to hang "Teru-Teru Bozu"? …74
Want to play riddles? ……………102
Want to try again? …………………37
Want to try making a crane? ……163
Watch me play "Kendama". ……163
Watch my lips, okay? ……………106
Watch out for eraser dust, okay? ……………………………………115
Watch your spelling. ……………184
Watch your stroke order. …………184
We appreciate your ideas, too. …159
We appreciate your sharing it with us. ……………………………109
We appreciated your coming. ……157
We are going to start our test. …118
We can play with riddles. …………102
We can write in three different ways with Kanji, Hiragana and Katakana. ………………………164
We did this before? …………………36
We do a mountain fold at this line. ……………………………………105
We don't want long nails! …………150
We have three types of characters: Kanji, Hiragana and Katakana. ……………………………………164
We love Pokemon. ………………164
We might have a few showers in the afternoon. ……………………75
We might have a shower. …………75
We missed you! ……………………71
We will now do a play called "Momotaro." ……………………165
We will now have our snack time. ……………………………………94

We will now play the Japanese drums. ……165
Welcome back! ……71
Welcome to the class! ……170
We'll go back and play it again. ……82
We'll have a short break now. ……94
We'll have a ten-minute rest now. ……94
We'll sing Christmas songs, alright? ……133
We'll start all together, okay? ……119
We'll wait until everybody is ready, alright? ……119
Well, you tried your best. ……26
We're almost done now. ……123
We're almost finished. ……123
We're going to have fun today! ……170
We're going to play Color BINGO. ……182
We're late ten minutes! ……67
Were you a good boy/girl this past year? ……133
What a story! ……31
What are we going to do today? ……46
What are you? ……130
What are you doing this summer? ……154
What are your plans this summer? ……154
What are your plans today? ……65
What can I do if my child won't move? ……143
What can I do when my child won't try? ……143
What color are they? ……181
What color do you like? ……181
What color is this? ……181

What color is your favorite thing? ……187
What color was ___ ? ……178
What day is it today? ……77
What day of the week do you like best? ……78
What did you ask Santa? ……132
What did you decide to be? ……130
What did you eat for lunch? ……169
What did you enjoy the most? ……124
What did you like? ……124
What do you do on a sunny day? ……179
What do you feel like singing? ……83
What do you have on December 25th? ……78
What do you like to do? ……157
What do you make of this? ……159
What do you say when you ask politely? ……38
What do you think about your past school year? ……128
What do you think of this? ……159
What do you want from Santa Claus? ……132
What do you want to be when you grow up? ……111
What do your friends call you? ……111
What do your friends like? ……110
What happened to your knee? ……60
What is "A" for? "A" is for apple. ……183
What is that banging sound? ……43
What is your dream for the future? ……111
What is your favorite sport? ……111
What is your hobby? ……157
What kind of snack will you take on

さくいん

225

field day? ……153	Which is more? ……116
What letter do you like? ……183	Which one is capital B? ……117
What must we do to study English at home? ……143	Which song do you want to sing? ……83
What should I wear? ……130	Who can keep a promise? Raise your hand! ……146
What snacks for field day? ……153	Who did this? ……41
What special day is December 25th? ……78	Who did this? Please speak up. ……41
What special day is it today? ……77	Who has read this book before? ……95
What sport do you like to play? ……111	Who has to go now? ……94
What subject is this? ……185	Who is absent today? ……69
What was the first hint once again? ……188	Who knows this? ……33
What will you need for this activity? ……162	Who likes rainy days? ……74
What words start with an "A" ? ……183	Who wants to be a teacher? ……28
Whatever you say. ……30	Who wants to be today's leader? ……72, 170
What's popular now? ……110	Who wants to go to the restroom? ……94
What's so special today? ……77	Who wants to help? ……27
What's the date today? ……77	Who wants to try now? ……180
What's this? ……176	Who wants to volunteer? ……27
What's this letter? ……183	Who would like to help? ……27
What's today's date? ……77	Who's here to pick you up? ……125
What's wrong? ……34, 65	Who's "it" next? ……99
What's wrong with your knee? ……60	Who's missing? ……69
What's your favorite day of the week? ……78	Whose costume was the best? ……131
What's your favorite subject? ……186	Whose eraser is this? ……36
What's your name? ……57, 156	Whose turn is it? ……97
What's "zou" in English? ……48	Whose turn next? ……97
When you stand, I want boys and girls to alternate. ……88	Why aren't you ready? ……161
When's Christmas coming? ……78	Why don't you try? ……21
Where are you from? ……157	Willing to try? ……28
Where's Lisa? ……161	Wipe it off with a tissue. ……104
Where's your handkerchief? ……150	Wishing you a Merry Christmas! ……134
Which has more? ……116	Wonderful work! ……171
	Won't you sit down? ……64
	Wow! All correct! ……18

Wow! You came in first! ·········153
Wow! You just made it! ···············59
Wow! You're the winner! ············153
Write a report when you finish
　reading. ································154
Write neatly, alright?················184
Write the word in your notebook.
　································188

Y Yea! ································51
Yes! ································182
Yes, let's! ····························187
You always try your best. ············15
You are a champion! ·················20
You are a good listener. ···············19
You are good friends again, right?
　····································37
You are good with new words,
　Takeshi! ······························17
You are right. ························31
You are simply marvelous. ············20
You are such a nice student. ·········13
You arrived at the class first. ·······59
You arrived just in time. ···············59
You came first! ······················59
You can check the dictionary.·······189
You can finish this at home. ······121
You can say that again. ···············31
You can start slowly.···················174
You can use a rag. ··················148
You did a nice/great job. ············20
You did it!································20
You did it again! ······················20
You did it nicely. ······················20
You did it well. ························20
You did very well. ······················14
You did well this school year. ······127
You didn't have time? ···············80

You don't have to be shy. ···········25
You don't have to hurry.···············22
You don't have to try too hard. ···25
You don't need to shout. ············107
You finished so quickly! ···············14
You got it, right? ······················32
You have a great smile, Madoka. ···16
You have enough time.···············23
You have one minute, okay? ······181
You have thirty seconds. ············181
You have to take turns. ···············98
You have your physical examination
　today. ································153
You know the rules now, right? ···32
You learn by making mistakes. ······25
You learn new words very well,
　Takeshi. ·······························17
You listen well! ·······················19
You look great. ······················65
You look happy today.···············57
You love homework, right?············81
You may be right. ···················31
You must be kidding. ···············29
You practiced at home, right? ······81
You pronounce well, Haruko.··········16
You really impressed your mommy!
　····································145
You really studied hard today. ···123
You sang so well today. ···············85
You say, "Thank you," right? ······38
You see? ································30
You sing at the count of four. ······84
You take one and pass the rest,
　okay? ································118
You think so? ························30
You try very hard, Miho.···············15
You want to do the alphabet? ···117

227

You want to meet a samurai? Sorry, no more samurais.	165
You want to tape it?	105
You want to try again?	26
You were a great leader!	13
You were a great student!	127
You were a star today!	13
You were great!	127
You were great! Here's a sticker.	14
You were great students!	128
You were so great today!	13
You what?!	30
You won!	182
You won't forget next time, will you?	80
You worked hard today.	123
You write very nicely, Miho!	115
You'll be alright.	26
Your answer is correct.	17
Your attention, please.	38
Your book facing down now.	114
Your first name first, okay?	110
Your lesson was very educational.	144
Your mom and dad are coming today!	135
Your new shoes look nice!	61
Your parents are coming to the class today.	135
Your pencils sharpened alright?	116
Your pronunciation is very good, Haruko.	16
Your ribbon is cute.	61
Your shirt looks funny.	61
Your turn next.	97
You're barely safe!	59
You're blocking our view.	86
You're doing fine.	26
You're getting there!	26
You're joking.	30
You're kidding me!	30
You're looking at the wrong page.	113
You're on next!	97
You're on the wrong page.	113
You're out!	99
You're out of the game.	99
You're sweating like mad!	76
You're sweating so hard!	76
You're the Maestro today!	85
You're too close!	86
Yuji, you are early today!	58
Yuji, you came early today?	58

お役立ち情報満載！
アルクのメールマガジン（無料配信）

アルクでは、おうちの方向けの「英語子育てマガジン」と、児童英語教師向けの「子ども英語せんせいマガジン」の2種類のメールマガジンを無料で配信。皆さまに、いち早くお役立ち情報をお届けしています。

◆「英語子育てマガジン」（毎月1回配信）
〈内容の例〉
● アルクの出版物などの最新情報
● 親子向け英語イベント情報・・・など

◆「子ども英語せんせいマガジン」（毎月1回配信）
〈内容の例〉
● アルクの出版物やワークショップ、セミナーなどの最新情報
● 英語を教える先生のための役立つ読み物・・・など

購読のお申し込みは、アルクのホームページの「メールマガジンセンター」からどうぞ！
＊メールマガジンの内容は、予告なく変更される場合があります。ご了承ください。

> ヘンリーおじさん&編集部
> オススメの

CD『ヘンリーおじさんのやさしい英語のうた』シリーズ

本書、第1部で、ヘンリーおじさんが紹介した「Touch Your Head」「Round and Round」「Which is Better?」などの英語の歌を収録したCDです。ヘンリーおじさんの愛情あふれるやさしい歌の世界を、クラスで、おうちで、ぜひ楽しんでください！

● ヘンリーおじさんのマジックで、あらら・・・いつのまにか、英語も身についていた

英語をマスターするいちばんの近道は、英語を話す外国の子どもたちと、お友だちになることです。でも、実際の話、外国のお友だちなんて、簡単にはつくれませんよね。でも、「ヘンリーおじさんのCD」では、おおぜいのアメリカの子どもたちが歌っています。下は、3歳半から上は13歳まで、CD#1では29名、CD#2ではなんと45名が参加！本場、ブロードウェイで歌っている子どももいます。子どもたちは敏感です。仲間の声をすぐに聞き分けるのですね。子どもたちの食いつきが違います！

また、ヘンリーおじさんの歌は、一見、やさしいだけのようですが、実は発音の面でも、文法の面でも、綿密に計算された英語の教材でもあるのです。形容詞の使い方、否定文の答え方、算数の要素などが、歌っているうちに、いつのまにか覚えられてしまいます。これは、まさにマジック！

● 『ヘンリーおじさんのやさしい英語のうた』
CD#1：本体2,000円+税 ／全21曲
・・・収録曲の一例）Do You Have a Pet? / Round and Round / Phonic ABC / I'm Sorry / January to December / What Is This? など、ヘンリーおじさんのオリジナルソングがいっぱい！

CD#2：本体2,200円+税 ／全22曲
・・・収録曲の一例）Touch Your Head / Which is Better? / 日本の童謡の「かたつむり」「はとぽっぽ」「春がきた」「むすんでひらいて」「ちょうちょ」「ブンブンブン」などの英語版や、替え歌などもいっぱい！

―――●●お申し込みおよびお問い合わせ先●●―――

◆ヘンリーおじさんのHPからどうぞ！
http://www.henryojisan.com/
　◆ヘンリーおじさんのHPでは、下記の情報も掲載中です！
　1）ヘンリーおじさんのメールマガジン（無料）　登録受付中！
　・「ヘンリーおじさんの音の出るメルマガ」を週2回お届け！
　2）ヘンリーおじさんのコミュニティ「High Touch!」
　・英語子育てやおしゃべり英語に関心のある方々の交流広場！
　3）ヘンリーおじさんの「おしゃべり英語」&「英語子育て」質問掲示板
　・英語の疑問や質問に、皆さんと一緒にお答えするお役立ち掲示板です！

229

● THANKS ●

Children are great to work with, fun to work with and rewarding to work with.
I hope this book will be helpful in making your English lessons even more enjoyable.
Uncle Henry

子どもたちと接するのは楽しいです。愉快です。そして満足感をあたえてくれます。
この本が、みなさまの英語のレッスンを、
より楽しくすることができることを希望して止みません。
ヘンリーおじさん

● SPECIAL THANKS ●

この本を完成させるためには、気が遠くなるようなたくさんの仕事がありました
（2004年夏の、記録的な猛暑の中での作業でもあり、忘れることはないでしょう！）。
英語の先生方、ママの代表の方々、そして、編集部員がチームとなって、
今までにない膨大な、英語のレッスンで使う表現を検討し、まとめあげました。
私も、一生懸命に書いたつもりですが、なんといっても今回のプロジェクトは、
チームワークが決め手となったといえます。下記のメンバーのみなさま、
および、WEBアンケートにご協力いただいた先生やママたちに、心より感謝いたします。

●第2部　構成・指導案：亀山千佳
●制作協力：佐藤広幸先生（成田市立成田小学校）
　　　　　　高津明さん
　　　　　　MICHIKOさん
　　　　　　森山香織さん
　　　　　　アメリカンインターナショナル　ブレインズ・キディクラブ鶴見校
　　　　　　奥田仁美先生（Kiddy CAT英語教室サリーインターナショナルスクール）
　　　　　　加藤昌子先生（Kiddy CAT英語教室プラネットキッズ）
　　　　　　髙津智子先生（Kiddy CAT英語教室御幸ヶ丘校）
　　　　　　増田亜希子先生（Kiddy CAT英語教室敦賀校）
　　　　　　および、WEBアンケートにご協力いただいたみなさま
●英文校正・制作協力：Christopher Kossowski
●ヘンリーおじさんサポーター：新島裕（New Island社）

＊制作関係者の肩書は初版制作時のものです。

●著者
ヘンリー・ドレナン（ヘンリーおじさん）
Henry V. Drennan　　　　　http://www.henryojisan.com/

英国人の父と、日本人の母をもつ。8歳から東京で育ち、英語と日本語の完璧なバイリンガル。60年代には、「かわいそうな娘」の歌で、シンガー・ソングライターとして活躍。その後、アメリカン・エキスプレスなどの大手企業に勤務。2001年より「ヘンリーおじさん」として活動をスタートし、CD『ヘンリーおじさんのやさしい英語のうた』シリーズを発表。アルクのウェブサイト「ヘンリーおじさんの英語子育て質問箱」で、全国のママからの英語子育ての質問について回答、それをまとめた書籍『ヘンリーおじさんの英語で子育てができる本』（アルク）は、英語子育てママたちのバイブル的な本。そのほか『ヘンリーおじさんのぜったい通じるおしゃべり英語』（情報センター出版局）も好評。

ヘンリーおじさんの
英語でレッスンができる本
～ネイティブが教える、子ども英語教室フレーズ集～
ヘンリー・ドレナン　著

発行日　2004年11月11日（初版）
　　　　2014年10月24日（第12刷）

著者　ヘンリー・ドレナン
編集　文教編集部

表紙デザイン　森敏明（ロコ・モーリス組）
本文デザイン　園辺智代
カバー・本文イラスト　やまとあや

DTP　株式会社秀文社
印刷・製本　図書印刷株式会社

発行者　平本照麿
発行所　株式会社アルク
　　　　〒168-8611 東京都杉並区永福2-54-12
　　　　TEL：03-3327-1101　FAX：03-3327-1300
　　　　Email：csss@alc.co.jp
　　　　Website　http://www.alc.co.jp/

地球人ネットワークを創る

アルクのシンボル
「地球人マーク」です。

落丁本、乱丁本は、弊社にてお取り替えいたしております。アルクお客様センター（電話：03-3327-1101　受付時間：平日9時～17時）までご相談ください。本書の全部または一部の無断転載を禁じます。著作権法上で認められた場合を除いて、本書からのコピーを禁じます。定価はカバーに表示してあります。

Ⓒ 2004 Henry V. Drennan / ALC PRESS INC.
Printed in Japan.
PC：7004074　　ISBN：978-4-7574-0827-2

アルクは個人、企業、学校に
語学教育の総合サービスを提供しています。

英 語

通信講座
- 1000 HOUR HEARING MARATHON
- TOEIC®対策
- 『イングリッシュ・クイックマスター』シリーズ
ほか

書籍
- キクタン　ユメタン
- 『起きてから寝るまで』シリーズ
- TOEIC®／TOEFL®／児童英検
ほか

月刊誌
- ENGLISH JOURNAL

辞書データ検索サービス
- 英辞郎 on the WEB Pro

オンライン英会話
- アルクオンライン英会話

アプリ
- 英会話ペラペラビジネス100
ほか

会員組織
- CLUB ALC

セミナー
- TOEIC®対策セミナー
ほか

子ども英語教室
- Kiddy CAT 英語教室

留学支援
- アルク留学センター

学校 ▶

e-learning
- ALC NetAcademy 2

学習アドバイス
- ESAC

書籍
- 高校・大学向け副教材

企業 ▶

団体向けレッスン
- クリエイティブスピーキング
ほか

スピーキングテスト
- TSST

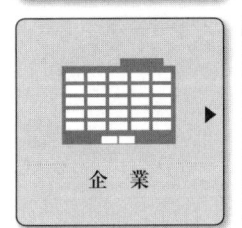

地球人ネットワークを創る
株式会社アルク

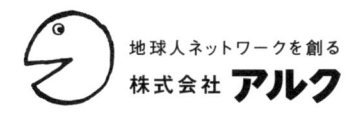

▼ サービスの詳細はこちら ▼
website http://www.alc.co.jp/

日本語

通信講座	書籍	スピーキングテスト	セミナー
NAFL日本語教師 養成プログラム	できる日本語 ほか	JSST	日本語教育能力検定試験対策

アルク Kiddy CAT 英語教室

英語と子どもが好きだから、ぜったい「英語を教える仕事」がしたい！

新規教室開設者募集中！

http://www.alc.co.jp/kid/kcschool/sensei/

アルクでは、新しく教室を開いていただける方を大募集。
ご自宅や貸会場を利用して、
「自分の教室」を開いてみませんか？
全国の子どもたちが皆さんを待っています！

アルクって？

株式会社アルクは、「地球人ネットワークを創る」というスローガンを掲げ、『1000時間ヒアリングマラソン』をはじめとする多くの通信講座や教材、出版物、TOEICテストなどの英語試験対策教材などを幅広く提供しています。また、子どもたちが英語の楽しさを理解し、"自分のことばで伝える力"を伸ばすための教材・教室づくりを通じて、将来、グローバル社会で活躍できる力を育てる児童英語教育にも力を入れています。

教室開設 3つ のポイント

アルク Kiddy CAT 英語教室は、顧客満足度で3つの部門賞を受賞！

1. 教材の質が違います
英語教育において長年の実績と信頼のもと開発されたアルクのオリジナル教材を使用。指導用マニュアルも丁寧に作られているので安心して指導できます。

2. ロイヤリティーはいただきません
アルクの教室は月謝などの収入に準じたロイヤリティーはいただきません。がんばった分だけご自身の収入になります。

3. アルクの会員に無料ご招待
開設された先生は、アルクの会員制サービスが無料で受けられます。
※英語学習情報満載の会報誌のお届けや、書籍等の割引購入サービスなど。

ReseMom イード アワード 子ども英語教室 顧客満足度 部門賞 2014

- 効果がある英語教室
- 教材がよい英語教室
- コスパのよい英語教室

教室開設への第一歩。
教室開設説明会も開催中！

http://www.alc.co.jp/kid/kcschool/sensei/setsumei.html

開設にご興味のある方を対象に、アルクの教室運営システムや教材についてご理解いただくための「教室開設説明会」を開催しています。会場ではレッスンで使用する教材や指導用マニュアルも展示。開設への第一歩を踏み出すために、ぜひお気軽にご参加ください。

● 説明会プログラム

Part1 教室運営システム、開設方法、費用等の説明
Part2 コース紹介、オリジナル教材やマニュアルの説明

※説明会終了後、開設のための認定に向けた面接（希望者のみ）を行っています。ご希望の方は事前に「開設応募用紙」をご提出ください。
※説明会プログラムは変更される場合もございます。

〈展示内容〉
- 全コースの教材、及び指導用マニュアル
- 生徒募集ツール（チラシや入会案内、ポスターなど）
- アルクの児童英語関連書籍、通信講座「アルク児童英語教師養成コース」など

● 説明会に参加できない方は…
理解をより深めていただくために説明会へのご参加をおすすめしておりますが、ご都合があわない場合は、個別の説明をアルク本社（又はお電話）にて随時行っております。ご希望の方は下記お問い合わせ先までお気軽にご連絡ください。

説明会・面接ご予約、開設のご相談、資料請求は……

アルク Kiddy CAT英語教室 本部

0120-633-069
平日（土日祝を除く）10:00 ～ 12:00/13:00 ～ 17:00

E-mail: kchonbu@alc.co.jp

※説明会の会場や日程はウェブサイトからご確認ください。

アルクの教室開設　🔍 検索